# La Fuerza de Dejar Ir

Cómo Liberarte De Relaciones Tóxicas, Sanar Tus Emociones y Redescubrir Tu Poder Interior

Mira Hart

**La Fuerza De Dejar Ir**

© Copyright 2024 de Mira Hart

Primera Edición

Todos los Derechos Reservados

**Derechos de Autor**

Todos los contenidos de este libro están protegidos por derechos de autor. Está estrictamente prohibida la reproducción, distribución, comunicación pública o transformación, total o parcial, de esta obra sin la autorización escrita del editor o del autor. La única excepción está representada por citas breves para fines de crítica, análisis o reseñas, siempre que se mencione adecuadamente la fuente.

**Nota Legal**

La información contenida en este libro tiene únicamente propósitos educativos, motivacionales y de entretenimiento. No pretende, bajo ninguna circunstancia, sustituir el asesoramiento profesional médico, psicológico, legal, financiero ni de cualquier otra índole especializada. Los lectores son responsables de buscar consejo profesional adecuado para sus necesidades específicas antes de tomar decisiones basadas en el contenido de este libro.

**Aviso sobre Ejemplos y Relatos**

Este libro incluye historias, ejemplos y citas diseñados con fines ilustrativos y pedagógicos. Todos los nombres, personajes, lugares y eventos mencionados son producto de la imaginación del autor o se utilizan de manera ficticia. Cualquier parecido con personas, empresas, instituciones, lugares o hechos reales es meramente coincidente y no intencional. Estas narrativas tienen la intención de facilitar la comprensión de conceptos clave y no deben interpretarse como hechos reales.

**Precisión de la Información**

El contenido de este libro ha sido desarrollado a partir de fuentes confiables y del conocimiento y experiencia del autor en el momento de su creación. Sin embargo, no se garantiza la absoluta exactitud, exhaustividad o vigencia de toda la información presentada. El autor no se hace responsable de posibles errores u omisiones y recomienda a los lectores consultar a expertos calificados antes de implementar cualquier técnica o idea descrita en estas páginas.

**Descargo de Responsabilidad**

El uso de la información y técnicas contenidas en este libro se realiza bajo la total responsabilidad del lector. Ni el autor ni el editor serán responsables de ningún daño, pérdida, gasto o lesión, incluidos los costes legales, derivados directa o indirectamente de la aplicación de los contenidos de este libro. Esto incluye, pero no se limita a, violaciones de contratos, negligencia, lesiones personales o cualquier otro acto ilícito.

El lector acepta asumir todos los riesgos asociados con el uso de la información presentada y entiende que es necesario buscar la orientación de profesionales cualificados (como médicos, abogados o psicólogos) antes de aplicar las recomendaciones contenidas en esta obra. Al continuar leyendo este libro, el lector acepta estas condiciones, asumiendo la responsabilidad de cualquier acción basada en los conceptos o ideas aquí expuestos.

# Introducción

Imagina por un momento que tienes entre las manos una cuerda. Una cuerda que, en lugar de atarte, debería darte seguridad para avanzar. Sin embargo, esta cuerda está tan enredada, tan cargada de nudos, que cada vez que intentas moverte, te sientes atrapado. Esta cuerda es el símbolo perfecto de lo que significa aferrarnos a algo que nos hace daño: una relación tóxica, un vínculo que en lugar de sostenernos, nos encadena. Y soltar esa cuerda puede ser una de las cosas más difíciles que harás en tu vida.

A veces, dejar ir no se trata solo de la relación con otra persona. Es un proceso interno, un diálogo constante entre el corazón que quiere quedarse y la mente que sabe que debe partir. Es enfrentarte a recuerdos, miedos y expectativas, como si cada uno de ellos te susurrara al oído: "¿Y si esta vez las cosas cambian? ¿Y si no encuentras algo mejor? ¿Y si no puedes con la soledad?". Pero aquí estás, con este libro en tus manos, quizás porque en el fondo ya sabes que mereces algo diferente, algo mejor.

No estás solo en este camino. Todos, en algún momento de nuestras vidas, hemos tenido que enfrentar la dolorosa decisión de soltar algo o alguien que nos importa, incluso cuando sabemos que nos hace daño. Pero ¿sabes qué? Este acto de soltar no es un fracaso. Es un acto de valentía. Es mirar de frente lo que te hace daño y decir: "Ya no más".

## Introducción

Dejar ir no significa olvidar o borrar lo que viviste. Tampoco significa negar el amor o los buenos momentos. Se trata de liberar el espacio que ocupan esas heridas y esos ciclos dañinos, para llenarlo con algo más: contigo mismo. Con tus sueños, tus valores, tus pasiones. Con el amor y el respeto que quizás olvidaste darte mientras intentabas mantener lo que ya no podía sostenerse.

Este libro no es solo una guía. Es una conversación contigo, un recordatorio de que eres más fuerte de lo que crees. Juntos exploraremos lo que significa sanar, reconstruirte y redescubrir la increíble persona que eres, esa que quizás se ha perdido un poco en el proceso. No vamos a apresurar el camino ni a saltarnos pasos. Porque soltar, dejar ir, sanar, todo eso lleva tiempo, y mereces darte ese tiempo.

Así que respira. Has llegado hasta aquí porque en algún lugar dentro de ti, hay una semilla de esperanza. Una semilla que dice que puedes tener una vida más plena, más ligera, más auténtica. Vamos a regarla juntos. Y cuando esa cuerda finalmente se suelte, no te quedarás vacío. Te quedarás libre. Y eso, amigo o amiga, es el mayor regalo que puedes darte.

# 1. ¿Por Qué Nos Cuesta Tanto Dejar Ir?

## EL APEGO EMOCIONAL: CÓMO Y POR QUÉ LO DESARROLLAMOS

*"El apego es la raíz del sufrimiento."* – Buda

Desde el momento en que nacemos, nuestra supervivencia depende de las conexiones que formamos con los demás. Estas conexiones no solo nos proporcionan alimento, protección y cuidados básicos, sino que también moldean nuestra percepción del mundo y de nosotros mismos. El apego emocional es, por lo tanto, un instinto profundamente arraigado en nuestra naturaleza humana. Sin embargo, cuando estas conexiones se vuelven tóxicas o insostenibles, lo que en algún momento fue una fuente de seguridad puede convertirse en un peso que nos paraliza.

## ¿QUÉ ES EL APEGO EMOCIONAL?

El apego emocional se define como el vínculo afectivo que desarrollamos hacia personas, objetos o incluso ideas que percibimos como esenciales para nuestro bienestar. Este vínculo puede ser saludable cuando fomenta el apoyo mutuo, el crecimiento personal y la seguridad emocional. Pero, cuando el apego se transforma en una necesidad compulsiva de aferrarnos a algo o alguien, puede generar sufrimiento y dependencia.

El apego no solo surge de nuestras experiencias presentes, sino que tiene raíces profundas en nuestra infancia. Según la teoría del apego desarrollada por John Bowlby, los patrones de apego que desarrollamos en los primeros años de vida determinan cómo nos relacionamos con los demás en la adultez. Por ejemplo, si crecimos en un entorno donde nuestras necesidades emocionales no fueron satisfechas consistentemente, es posible que desarrollemos un apego ansioso, buscando desesperadamente seguridad en nuestras relaciones. Por el contrario, un apego evitativo puede llevarnos a evitar vínculos profundos para protegernos del dolor.

## LA ILUSIÓN DEL CONTROL Y LA SEGURIDAD

Una de las principales razones por las que el apego emocional se afianza es la ilusión de control que nos proporciona. Al aferrarnos a una relación, a una rutina o incluso a un objeto, sentimos que podemos mantener una cierta estabilidad en nuestras vidas. Sin embargo, esta estabilidad es a menudo ficticia. La vida, por su naturaleza, está en constante cambio, y aferrarnos a algo que no está destinado a permanecer solo nos conduce a la frustración y al sufrimiento.

Además, el apego está intrínsecamente ligado a nuestra búsqueda de seguridad emocional. Cuando nos sentimos vulnerables o inseguros, tendemos a aferrarnos a aquello que nos hace sentir protegidos, incluso si esa protección es dañina o ilusoria. Por ejemplo, una relación tóxica puede ser difícil de abandonar porque, a pesar del dolor que causa, también ofrece una sensación familiar y predecible. Esta dualidad nos mantiene atrapados, incapaces de avanzar hacia lo desconocido.

## EL ROL DEL CEREBRO EN EL APEGO

Desde una perspectiva neurológica, el apego emocional está vinculado a la liberación de químicos como la oxitocina y la dopamina. La oxitocina, conocida como la "hormona del amor", fortalece los vínculos emocionales, mientras que la dopamina refuerza el placer que sentimos al estar cerca de alguien significativo. Estos procesos químicos explican por qué nos sentimos tan profundamente conectados a ciertas personas y por qué es tan difícil romper estos lazos, incluso cuando sabemos que no son saludables.

## CUANDO EL APEGO SE CONVIERTE EN UNA CARGA

Aunque el apego emocional es natural y necesario, puede convertirse en una carga cuando:

- **Perdemos nuestra autonomía**: Dependemos completamente de alguien más para nuestra felicidad o sentido de propósito.
- **Tememos la pérdida de la relación**: Incluso si sabemos que la relación nos hace daño, el miedo a la soledad o al cambio nos impide tomar acción.
- **Justificamos el sufrimiento**: Racionalizamos comportamientos dañinos o tóxicos en nombre del amor o de la lealtad.

Reconocer estos signos es el primer paso para comenzar a entender por qué nos cuesta tanto dejar ir y cómo podemos empezar a liberarnos de estos patrones.

*"Dejar ir no significa renunciar, sino aceptar que hay cosas que no podemos controlar y aprender a vivir en paz con ello."*

## EL MIEDO AL CAMBIO: ENTENDIENDO NUESTRA RESISTENCIA NATURAL

*"El cambio es el proceso mediante el cual el futuro invade nuestras vidas."* – Alvin Toffler

El miedo al cambio es una de las emociones más universales que experimentamos como seres humanos. Aunque deseamos evolucionar, crecer y liberarnos de lo que nos hace daño, enfrentarnos a lo desconocido puede resultar aterrador. Este temor es una barrera poderosa que nos impide dejar ir relaciones, situaciones o patrones que ya no nos benefician, pero ¿de dónde surge esta resistencia natural?

## LA ZONA DE CONFORT: UN REFUGIO QUE NOS ATRAPA

Nuestra mente está diseñada para priorizar la seguridad y la estabilidad. Cuando permanecemos en una relación o situación que nos resulta familiar, aunque sea tóxica o insatisfactoria, encontramos una sensación de "control" que nos calma. Esta zona de confort actúa como un refugio emocional, una burbuja en la que sabemos qué esperar, incluso si las expectativas incluyen dolor o frustración.

El problema es que la zona de confort, aunque segura en apariencia, limita nuestro crecimiento. Permanecer en ella nos impide explorar nuevas posibilidades, descubrir nuestro potencial y abrirnos a relaciones más saludables. Sin embargo, abandonar este espacio implica enfrentar lo desconocido, un terreno que nuestro cerebro percibe como una amenaza.

## EL ROL DEL CEREBRO EN EL MIEDO AL CAMBIO

Desde una perspectiva biológica, el miedo al cambio está profundamente enraizado en nuestro cerebro. La amígdala, la región responsable de procesar el miedo y las emociones de alarma, se activa ante la incertidumbre, interpretándola como un posible peligro. Aunque esta respuesta fue esencial para la supervivencia de nuestros ancestros, hoy en día puede llevarnos a aferrarnos a lo que conocemos, incluso cuando sabemos que nos hace daño.

Además, el cerebro utiliza patrones y hábitos como atajos para ahorrar energía. Cambiar implica romper esos patrones establecidos y crear nuevos, lo que requiere un esfuerzo mental significativo. Esta resistencia innata a invertir energía en el cambio es otra razón por la que preferimos quedarnos en nuestra zona de confort.

## EL PESO DE LA INCERTIDUMBRE

Una de las fuerzas más poderosas que nos ata al pasado es el miedo a lo desconocido. ¿Qué pasará si dejo esta relación? ¿Qué será de mí si me alejo de lo que me resulta familiar? Estas preguntas alimentan una narrativa interna de inseguridad, haciéndonos imaginar los peores escenarios posibles. La incertidumbre activa nuestra imaginación de forma negativa, llenando el vacío del "qué pasará" con proyecciones de fracaso, soledad o pérdida.

Sin embargo, lo que a menudo olvidamos es que la incertidumbre también puede ser una puerta abierta a nuevas oportunidades. Liberarnos del miedo al cambio implica reconfigurar nuestra relación con lo desconocido, viéndolo no como una amenaza, sino como un espacio lleno de posibilidades.

## LAS RAÍCES EMOCIONALES DEL MIEDO AL CAMBIO

El miedo al cambio no solo tiene un componente biológico, sino también uno profundamente emocional:

**1 El miedo a la pérdida**: Dejar ir algo o a alguien que ha sido parte de nuestra vida puede sentirse como una pérdida personal. Incluso si esa relación nos causa dolor, hemos invertido tiempo, energía y emociones en ella, y el acto de soltar puede parecer un fracaso.

**2 El temor al rechazo o al juicio**: Cuando tomamos decisiones que implican cambios significativos, podemos temer cómo reaccionarán los demás. ¿Qué pensarán si termino esta relación? ¿Me criticarán por no haberlo intentado más? Estas preocupaciones nos atan al pasado, manteniéndonos en situaciones que no nos benefician.

**3 La percepción de incompetencia**: El cambio requiere confianza en uno mismo. A menudo, dudamos de nuestra capacidad para enfrentar lo nuevo, pensando que no seremos capaces de manejar la soledad, reconstruirnos o tomar decisiones acertadas en el futuro.

## CÓMO IDENTIFICAR TU RESISTENCIA AL CAMBIO

Para superar el miedo al cambio, primero es fundamental reconocer cómo se manifiesta en nuestra vida. Pregúntate:

• ¿Cuáles son los pensamientos recurrentes que surgen cuando consideras dejar ir algo o a alguien?

• ¿Qué aspectos de lo desconocido te generan más ansiedad?

• ¿Cómo justificas quedarte en una situación que sabes que no es saludable?

Al identificar estas respuestas, comenzarás a entender las raíces de tu resistencia y, con ello, abrirás espacio para cuestionar si esas creencias son realmente válidas o solo barreras mentales.

*"El primer paso hacia el cambio es la aceptación: aceptar que lo desconocido puede ser incómodo, pero también transformador."*

## CREENCIAS LIMITANTES SOBRE EL DESAPEGO Y LAS RELACIONES

*"No puedes cambiar lo que haces hasta que cambies lo que crees."* – Unknown

El apego emocional no solo está sostenido por nuestros miedos e instintos, sino también por las creencias profundamente arraigadas que hemos desarrollado a lo largo de la vida. Estas creencias limitantes actúan como barreras invisibles que justifican por qué debemos aferrarnos a lo que conocemos, incluso cuando no nos hace bien. Entender estas creencias es fundamental para comenzar a cuestionarlas y transformarlas.

## ¿QUÉ SON LAS CREENCIAS LIMITANTES?

Las creencias limitantes son ideas que adoptamos como verdades absolutas, pero que en realidad nos restringen emocionalmente. A menudo surgen de experiencias pasadas, mensajes culturales o enseñanzas familiares, y se convierten en lentes a través de las cuales interpretamos nuestras relaciones y decisiones. En el contexto del desapego, estas creencias nos llevan a perpetuar vínculos tóxicos y a temer la posibilidad de soltar.

Por ejemplo, frases como "el amor todo lo soporta" o "si realmente te importa, nunca te rindes" son ideales románticos que glorifican la perseverancia a cualquier costo, ignorando que el sacrificio constante puede destruirnos emocionalmente.

## LAS PRINCIPALES CREENCIAS LIMITANTES SOBRE EL DESAPEGO

### 1 "DEJAR IR ES UN FRACASO"

Esta creencia nos lleva a asociar el desapego con la derrota, como si dejar una relación o una situación significara que no hicimos suficiente para salvarla. La sociedad valora la resiliencia y el esfuerzo, lo que puede hacernos sentir culpables o incompetentes al tomar la decisión de alejarnos. Sin embargo, aferrarnos a algo que nos lastima no es perseverancia, sino autonegación.

Replantear esta idea implica ver el desapego como un acto de valentía, un paso necesario para priorizar nuestro bienestar y abrirnos a nuevas posibilidades.

### 2 "EL AMOR VERDADERO TODO LO SUPERA"

Este mito, reforzado por la cultura popular, nos hace creer que una relación solo tiene valor si somos capaces de superar cualquier obstáculo. Aunque el compromiso es esencial en las relaciones saludables, no debe confundirse con tolerancia a la toxicidad. Amar no significa soportar abuso, manipulación o desamor. Creer que debemos permanecer en una relación para demostrar amor solo perpetúa nuestro sufrimiento.

Reconocer que el amor también implica saber cuándo soltar es una lección esencial para liberarnos de esta creencia.

### 3 "SI ME ALEJO, ME QUEDARÉ SOLO PARA SIEMPRE"

El miedo a la soledad es una de las principales razones por las que evitamos dejar ir. Esta creencia parte de la idea errónea de que nuestra valía depende de estar con alguien más o de que nunca encontraremos otra relación significativa. En realidad, la soledad no es permanente, y muchas veces es necesaria para sanar y redescubrirnos.

Cambiar esta narrativa implica entender que la relación más importante que podemos cultivar es la que tenemos con nosotros mismos.

## 4 "YA HE INVERTIDO DEMASIADO TIEMPO Y ENERGÍA"

La trampa de la inversión emocional nos hace sentir que, después de haber dedicado años a una relación o situación, abandonarla sería desperdiciar todo ese esfuerzo. Sin embargo, aferrarnos a algo que no nos beneficia por miedo a "perder" el pasado solo nos condena a seguir acumulando sufrimiento en el presente.

Aceptar que nuestra inversión emocional no debe determinar nuestro futuro es clave para liberarnos de esta carga.

## 5 "LOS DEMÁS ME JUZGARÁN SI ME ALEJO"

El temor al juicio externo puede ser paralizante. Ya sea por presión familiar, expectativas culturales o miedo a las opiniones de amigos, muchas veces permanecemos en relaciones que no nos hacen felices para cumplir con lo que otros esperan de nosotros. Sin embargo, vivir según las expectativas de los demás nos aleja de nuestra autenticidad y nos roba la oportunidad de construir una vida basada en nuestras propias necesidades y deseos.

Reafirmar nuestra capacidad de decidir por nosotros mismos nos ayuda a soltar esta creencia limitante.

## CÓMO IDENTIFICAR Y CUESTIONAR TUS CREENCIAS

El primer paso para superar las creencias limitantes es identificarlas. Reflexiona sobre las frases o pensamientos automáticos que surgen cuando consideras dejar ir una relación. Pregúntate:

• ¿De dónde proviene esta creencia? ¿Es una idea que aprendí de mi familia, cultura o experiencias pasadas?

• ¿Esta creencia me beneficia o me está reteniendo?

• ¿Qué evidencia tengo de que esta creencia sea cierta? ¿Qué pasaría si no lo fuera?

Al cuestionar estas creencias, comienzas a desmantelar las barreras mentales que te impiden avanzar. Reemplazar ideas limitantes por afirmaciones más empoderadoras te permitirá abordar el desapego desde un lugar de fuerza y claridad.

## Mira Hart

*"El mayor cambio ocurre cuando dejamos de creer en las historias que nos han limitado y empezamos a escribir nuestra propia narrativa."*

# 2. ¿Qué Es Una Relación Tóxica?

## DEFINICIÓN DE RELACIONES TÓXICAS: QUÉ SON Y QUÉ NO SON

*"No todas las relaciones están destinadas a durar, pero todas están destinadas a enseñarte algo."* – Unknown

Una relación es un espacio de conexión donde compartimos emociones, pensamientos y experiencias con otra persona. En su forma ideal, estas conexiones nos brindan apoyo, alegría y crecimiento. Sin embargo, no todas las relaciones cumplen este propósito. Cuando el vínculo se convierte en una fuente constante de estrés, dolor o desgaste emocional, podemos estar frente a una relación tóxica.

Entender qué caracteriza a una relación tóxica y cómo se diferencia de las inevitables dificultades que enfrentan todas las relaciones es esencial para identificar si estamos atrapados en una dinámica dañina.

## ¿QUÉ ES UNA RELACIÓN TÓXICA?

Una relación tóxica es aquella que afecta negativamente tu bienestar emocional, físico o mental de manera consistente. En este tipo de relaciones, los patrones de interacción no fomentan el crecimiento mutuo ni la felicidad, sino que generan conflictos repetitivos, manipulación, desconfianza y, en muchos casos, una pérdida de identidad personal.

Lo que hace que una relación sea tóxica no es un momento puntual de conflicto o desacuerdo, sino la presencia constante de comportamientos perjudiciales y la incapacidad de resolverlos de manera saludable. Estas dinámicas pueden darse en cualquier tipo de relación: de pareja, amistad, familiar o laboral.

Algunas características comunes incluyen:

• **Falta de respeto**: La comunicación está marcada por críticas, insultos o desprecio.

• **Desequilibrio de poder**: Una persona domina la relación mientras la otra se siente subordinada o controlada.

• **Manipulación emocional**: Usar el miedo, la culpa o el chantaje emocional para influir en las decisiones del otro.

• **Falta de apoyo mutuo**: En lugar de fomentar el crecimiento, la relación se convierte en un obstáculo.

• **Conflictos constantes**: Las discusiones no resuelven los problemas, sino que los perpetúan.

## LO QUE UNA RELACIÓN TÓXICA NO ES

Es importante distinguir una relación tóxica de los altibajos normales que todas las relaciones experimentan. Ninguna relación es perfecta, y todas enfrentan desafíos que, bien gestionados, pueden fortalecer el vínculo. Una relación no es necesariamente tóxica si:

• **Hay desacuerdos ocasionales**: Tener diferencias de opinión es normal. Lo importante es cómo se manejan esas diferencias.

• **Experimentas momentos difíciles**: Las relaciones pasan por etapas de estrés debido a factores externos como problemas laborales, financieros o familiares.

• **Hay errores o malentendidos**: Todos cometemos errores, y una relación saludable permite aprender de ellos y crecer juntos.

La clave está en observar si estos momentos son excepciones o patrones repetitivos. En una relación tóxica, los problemas no solo persisten, sino que se agravan con el tiempo.

## LOS MATICES DE LA TOXICIDAD

No todas las relaciones tóxicas se manifiestan de manera evidente. Algunas pueden parecer funcionales en la superficie, pero contienen dinámicas sutiles que erosionan lentamente el bienestar de las personas involucradas. Entre estas formas encubiertas de toxicidad están:

**1 La dependencia emocional extrema**: Cuando una persona se convierte en la única fuente de validación, felicidad o propósito de la otra, la relación pierde equilibrio y puede volverse opresiva.

**2 La pasividad disfrazada de paz**: Evitar conflictos no siempre significa armonía. A veces, uno de los involucrados reprime constantemente sus emociones para evitar confrontaciones, lo que puede generar resentimiento y desconexión.

**3 El vínculo basado en la necesidad, no en el amor**: Algunas relaciones persisten no por afecto genuino, sino por miedo a la soledad o al cambio, lo que alimenta dinámicas insalubres.

## LAS FORMAS DE RELACIONES TÓXICAS

Las relaciones tóxicas pueden adoptar muchas formas, y no todas son obvias. Algunos ejemplos incluyen:

- **Relaciones de pareja**: Donde hay abuso emocional, celos desmedidos, manipulación o falta de respeto mutuo.

- **Relaciones familiares**: En las que se perpetúan patrones de control, críticas constantes o favoritismos que generan sufrimiento.

- **Relaciones de amistad**: Cuando la "amistad" se basa en la competencia, el juicio o la falta de apoyo en los momentos difíciles.

- **Relaciones laborales**: Dinámicas de poder abusivo, acoso o falta de reconocimiento pueden convertir el lugar de trabajo en un entorno tóxico.

## EL PRIMER PASO: RECONOCER LA TOXICIDAD

Entender qué es y qué no es una relación tóxica nos permite tomar conciencia de nuestras experiencias. Reconocer la toxicidad en una relación no significa necesariamente que debamos terminarla de inmediato; a veces, con comunicación y esfuerzo mutuo, es posible transformar una dinámica insana en una más saludable. Sin embargo, cuando una relación demuestra ser irreparablemente tóxica, identificarla es el primer paso hacia la libertad emocional.

*"Reconocer que algo no es saludable no es un acto de debilidad, sino de valentía. Es el primer paso para proteger tu paz y construir una vida más plena."*

## SEÑALES DE UNA RELACIÓN TÓXICA: IDENTIFICAR COMPORTAMIENTOS Y PATRONES

*"A veces, lo más difícil no es dejar ir una relación, sino aceptar que ya nos está dejando ir a nosotros."* – Unknown

Identificar una relación tóxica puede ser un desafío, especialmente cuando estamos emocionalmente involucrados. Las señales de toxicidad no siempre son evidentes, ya que pueden manifestarse de forma sutil o gradual. Sin embargo, prestar atención a los comportamientos y patrones recurrentes es crucial para reconocer si una relación está afectando negativamente tu bienestar.

### SEÑALES CLARAS DE UNA RELACIÓN TÓXICA

### 1 FALTA DE RESPETO CONSTANTE

En una relación tóxica, la falta de respeto puede manifestarse de muchas formas: críticas despectivas, sarcasmo hiriente, interrupciones constantes o menosprecio de tus opiniones y sentimientos. El respeto mutuo es la base de cualquier relación saludable, y su ausencia crea un ambiente de tensión y desconfianza.

### 2 CONTROL Y MANIPULACIÓN

El control puede ser evidente, como cuando una persona dicta tus decisiones, o sutil, mediante tácticas como el chantaje emocional o la manipulación. Una señal común es sentir que siempre debes justificar tus acciones o decisiones para evitar conflictos o desaprobación.

### 3 DESEQUILIBRIO DE ESFUERZO

En una relación tóxica, una persona tiende a cargar con la mayor parte del trabajo emocional, mientras que la otra aporta poco o nada. Este desequilibrio puede generar agotamiento, resentimiento y una sensación de desigualdad constante.

### 4 AISLAMIENTO

Si alguien en tu vida te desalienta de mantener contacto con otras personas importantes para ti, como amigos o familiares, o trata de controlar con quién te relacionas, es una señal de toxicidad. Este aislamiento puede ser un intento de aumentar la dependencia hacia la relación.

## 5 CONFLICTOS CONSTANTES SIN RESOLUCIÓN

Todas las relaciones tienen conflictos, pero en una relación tóxica los desacuerdos son constantes y no conducen a soluciones. Las mismas discusiones se repiten una y otra vez, a menudo agravándose con el tiempo, en lugar de resolverse de manera constructiva.

## 6 SENTIMIENTOS DE INSEGURIDAD O ANSIEDAD

En lugar de brindarte tranquilidad y apoyo, una relación tóxica puede hacerte sentir constantemente ansioso, inseguro o en guardia. Si te encuentras anticipando reacciones negativas o caminando "sobre cáscaras de huevo" para evitar conflictos, es una señal clara de toxicidad.

## 7 FALTA DE APOYO EMOCIONAL

En una relación saludable, las personas se apoyan mutuamente en los momentos difíciles. En una relación tóxica, tus emociones pueden ser ignoradas, minimizadas o utilizadas en tu contra, dejándote con una sensación de abandono emocional.

## 8 CELOS Y POSESIÓN EXCESIVA

Los celos moderados pueden ser naturales en ciertas situaciones, pero en una relación tóxica, se convierten en posesividad extrema. Esto puede incluir vigilancia constante, sospechas infundadas y restricciones sobre tus decisiones o actividades.

## PATRONES RECURRENTES QUE INDICAN TOXICIDAD

## 1 CÍRCULO DE ABUSO

En muchas relaciones tóxicas, existe un patrón conocido como el "ciclo de abuso", que incluye tres fases principales:

- **Fase de acumulación de tensión**: Los conflictos pequeños se acumulan y generan estrés.

- **Fase de explosión**: Se produce un estallido emocional, que puede incluir gritos, insultos o incluso agresión física.

- **Fase de reconciliación**: La persona agresora muestra arrepentimiento y promete cambiar, generando esperanza. Sin embargo, el ciclo vuelve a comenzar.

## 2 GASLIGHTING (LUCES DE GAS)

El gaslighting es una forma de manipulación psicológica en la que una persona distorsiona la realidad para hacerte dudar de tus propios pensamientos, recuerdos o percepciones. Frases como "estás exagerando" o "eso nunca pasó" son comunes en este tipo de dinámicas.

## 3 DEPENDENCIA EMOCIONAL

Una relación tóxica a menudo genera una dependencia en la que ambas partes, o una de ellas, sienten que no pueden vivir sin la otra. Esta dependencia refuerza el ciclo de toxicidad, ya que dificulta el desapego y fomenta la permanencia en el vínculo.

## 4 FALTA DE LÍMITES CLAROS

En una relación tóxica, los límites personales suelen ser ignorados o traspasados. Esto puede incluir invasión de la privacidad, imposición de decisiones o la expectativa de que siempre estés disponible emocionalmente.

## CÓMO RECONOCER SI TE AFECTA UNA RELACIÓN TÓXICA

Pregúntate lo siguiente:

• ¿Te sientes constantemente agotado o ansioso después de interactuar con esta persona?

• ¿Dudas de tu propio juicio o te culpas excesivamente por los problemas en la relación?

• ¿Te sientes atrapado, como si no tuvieras otra opción que permanecer en la relación?

Responder afirmativamente a estas preguntas puede ser un indicativo de que estás en una relación tóxica.

## LA IMPORTANCIA DE LA CONSCIENCIA

Reconocer las señales de una relación tóxica no es fácil, especialmente cuando hay un vínculo emocional profundo. Sin embargo, identificar estos comportamientos y patrones es el primer paso hacia la toma de decisiones conscientes. No todas las relaciones tóxicas están destinadas a terminar, pero todas requieren cambios significativos para transformarse en vínculos saludables.

*"Reconocer que algo no está bien en una relación no significa que hayas fallado, sino que has comenzado a priorizar tu bienestar."*

## DIFERENCIAS ENTRE CONFLICTO NORMAL Y TOXICIDAD PERSISTENTE

*"Las relaciones no fracasan por los conflictos, sino por la manera en que elegimos enfrentarlos."* – Unknown

El conflicto es una parte natural de cualquier relación. Las diferencias de opinión, las tensiones ocasionales y los desacuerdos son inevitables cuando dos personas comparten su tiempo, energía y emociones. Sin embargo, existe una diferencia crucial entre un conflicto normal y las dinámicas tóxicas que erosionan el bienestar emocional. Comprender esta distinción nos ayuda a evaluar nuestras relaciones con mayor claridad y a decidir si vale la pena trabajar en ellas o si es necesario alejarnos.

### ¿QUÉ ES EL CONFLICTO NORMAL EN UNA RELACIÓN?

En una relación saludable, los conflictos son inevitables porque cada individuo tiene sus propios valores, necesidades y perspectivas. Sin embargo, estos desacuerdos cumplen un propósito constructivo y son manejados de manera respetuosa. Algunas características del conflicto normal incluyen:

**1 Respeto mutuo durante el desacuerdo**: Aunque haya diferencias, las personas se tratan con dignidad y consideración.

**2 Disposición a resolver el problema**: Ambas partes buscan soluciones en lugar de culparse mutuamente.

**3 Comunicación abierta y honesta**: Se expresan las emociones y preocupaciones de manera clara y directa, sin recurrir a ataques personales.

**4 Oportunidad de aprendizaje y crecimiento**: Los conflictos ayudan a las personas a comprenderse mejor y a fortalecer su vínculo.

**5 Son episodios aislados, no constantes**: Los desacuerdos no definen la relación, sino que son excepciones dentro de una dinámica generalmente positiva.

Un conflicto normal, aunque incómodo en el momento, puede ser una oportunidad para fortalecer la relación si se maneja de forma saludable.

## ¿QUÉ ES LA TOXICIDAD PERSISTENTE?

La toxicidad persistente, por otro lado, no se trata de desacuerdos ocasionales, sino de patrones constantes y dañinos que afectan negativamente la relación. Algunas características de la toxicidad incluyen:

**1 Desacuerdos irresolubles**: Los mismos conflictos se repiten una y otra vez sin llegar a soluciones, generando frustración y agotamiento.

**2 Falta de respeto o agresión**: El desacuerdo incluye insultos, menosprecio, sarcasmo hiriente o abuso verbal.

**3 Desequilibrio de poder**: Una de las partes intenta controlar, dominar o manipular a la otra, creando una dinámica de superioridad.

**4 Desgaste emocional continuo**: La relación se convierte en una fuente constante de estrés, tristeza o ansiedad.

**5 Culpa y victimización**: En lugar de asumir la responsabilidad compartida, una o ambas partes juegan el papel de víctima o buscan culpar exclusivamente al otro.

Mientras que el conflicto normal permite que una relación evolucione, la toxicidad persistente crea un ciclo destructivo que mina el bienestar emocional y dificulta el crecimiento mutuo.

## DIFERENCIAS CLAVE ENTRE CONFLICTO NORMAL Y TOXICIDAD

| Aspecto | Conflicto Normal | Toxicidad Persistente |
|---|---|---|
| Frecuencia | Ocasional | Constante |
| Intención | Resolver el problema y fortalecer la relación | Controlar, manipular o herir |
| Comunicación | Respetuosa y constructiva | Agresiva, despectiva o evasiva |
| Resultado | Soluciones, aprendizaje mutuo | Resentimiento, desgaste emocional |
| Impacto emocional | Temporal, con recuperación tras el conflicto | Continuo, afecta el bienestar emocional |

## CUANDO LOS CONFLICTOS SE VUELVEN TÓXICOS

No todos los conflictos en una relación tóxica comienzan de manera dañina. De hecho, algunas dinámicas pueden transformarse en tóxicas con el tiempo debido a patrones no resueltos o a la acumulación de tensiones. Algunas señales de que un conflicto está cruzando la línea hacia la toxicidad incluyen:

- **Ataques personales**: En lugar de discutir el problema, se atacan las características, valores o defectos de la otra persona.

- **Negación o evitación**: Una o ambas partes evitan enfrentar los problemas, dejando que se acumulen y generen resentimiento.

- **Culpa unilateral**: Uno de los involucrados asume toda la responsabilidad mientras el otro se exime por completo.

- **Comportamientos pasivo-agresivos**: En lugar de expresar las emociones abiertamente, se recurre a indirectas, sarcasmo o acciones sutiles para herir al otro.

## ¿CÓMO DIFERENCIAR Y TOMAR DECISIONES?

Es natural preguntarse si una relación puede ser salvada o si es mejor dejarla atrás. Para diferenciar un conflicto manejable de una toxicidad persistente, pregúntate:

**1 ¿El conflicto es esporádico o constante?** Si los desacuerdos son una excepción en lugar de la norma, es posible que se trate de conflictos normales.

**2 ¿Hay voluntad de cambio?** En una relación saludable, ambas partes están dispuestas a trabajar en sus errores. En una relación tóxica, una o ambas partes niegan su responsabilidad o se niegan a cambiar.

**3 ¿Cómo te sientes después del conflicto?** Si te sientes escuchado, comprendido y esperanzado, probablemente sea un conflicto normal. Si sientes ansiedad, tristeza o una sensación de opresión constante, puede ser una señal de toxicidad.

## LA DECISIÓN DE ACTUAR

Reconocer la diferencia entre conflicto y toxicidad es un paso importante para tomar decisiones conscientes sobre nuestras relaciones. Mientras que los conflictos normales pueden fortalecernos y ayudarnos a crecer, las dinámicas tóxicas requieren atención inmediata. A veces, esto implica buscar ayuda externa, establecer límites claros o, en casos extremos, decidir dejar la relación.

*"No temas a los conflictos que te enseñan a amar mejor, pero sí a los que te hacen olvidar cómo amarte a ti mismo."*

# 3. El Impacto Emocional de Una Relación Tóxica

## EFECTOS EN LA SALUD MENTAL: ANSIEDAD, DEPRESIÓN Y AGOTAMIENTO EMOCIONAL

*"No puedes sanar en el mismo lugar donde fuiste herido."* – Unknown

Las relaciones tóxicas no solo afectan nuestras emociones de forma superficial, sino que tienen un impacto profundo y duradero en nuestra salud mental. A menudo, el desgaste que experimentamos es tan gradual que no nos damos cuenta de cuánto ha cambiado nuestra forma de pensar, sentir y actuar hasta que alcanzamos un punto de agotamiento extremo. Identificar estos efectos es esencial para comprender la urgencia de abordar y, en muchos casos, salir de este tipo de relaciones.

## LA ANSIEDAD: UN ESTADO DE ALERTA CONSTANTE

Una de las primeras manifestaciones de una relación tóxica en la salud mental es la ansiedad. Estar en un entorno emocionalmente inestable o insalubre genera un estado de alerta constante. Esto sucede porque, en lugar de sentirnos seguros y apoyados, nos encontramos anticipando conflictos, descalificaciones o reacciones impredecibles.

- **Síntomas comunes**:

  ○ Pensamientos obsesivos sobre la relación o la otra persona.

- Dificultad para relajarse debido al temor a decir o hacer "algo incorrecto".
- Sensación constante de "caminar sobre cáscaras de huevo".
- Episodios físicos de ansiedad, como taquicardia, sudoración o dificultad para respirar.

Este estado prolongado de alerta no solo desgasta nuestra capacidad de concentración y toma de decisiones, sino que también afecta negativamente otras áreas de nuestra vida, como el trabajo y las relaciones con otras personas.

## DEPRESIÓN: LA SOMBRA DEL DESGASTE EMOCIONAL

Las relaciones tóxicas pueden ser una fuente constante de frustración, tristeza y decepción. Cuando estos sentimientos se acumulan sin resolverse, pueden derivar en depresión. La pérdida de confianza en la relación, combinada con el impacto en nuestra autoestima, crea un terreno fértil para el desarrollo de esta condición.

- **Factores desencadenantes**:

  - **Aislamiento emocional**: Sentirse incomprendido o desconectado dentro de la relación.
  - **Pérdida de identidad**: Dejar de priorizar las propias necesidades para satisfacer las expectativas de la otra persona.
  - **Culpa persistente**: Culparse por los problemas de la relación, incluso cuando no son nuestra responsabilidad.

- **Síntomas comunes**:

  - Fatiga constante y falta de motivación.
  - Sensación de inutilidad o desesperanza.
  - Pérdida de interés en actividades que antes resultaban placenteras.
  - Dificultad para concentrarse o tomar decisiones.

La depresión puede llevarnos a un punto en el que normalizamos el sufrimiento, aceptando la toxicidad como una parte inevitable de la vida.

## AGOTAMIENTO EMOCIONAL: EL LÍMITE DEL CUERPO Y LA MENTE

El agotamiento emocional es la consecuencia acumulativa de vivir en un estado constante de estrés y desequilibrio. Es el resultado de dar más de lo que recibimos, de tratar de sostener una relación que consume nuestra energía sin aportar valor emocional.

- **Señales de agotamiento emocional**:

○ Sensación de vacío o entumecimiento emocional.

○ Irritabilidad o sensibilidad extrema ante situaciones menores.

○ Dificultad para cuidar de uno mismo, como descuidar la alimentación, el sueño o la higiene personal.

○ Desconexión emocional con otras personas, incluso con aquellas con las que no existe toxicidad.

El agotamiento emocional no solo afecta nuestro estado mental, sino que también tiene repercusiones físicas. Dolores musculares, migrañas recurrentes y un sistema inmunológico debilitado son señales de que nuestro cuerpo está pagando el precio de un estado emocional insostenible.

## EL EFECTO ACUMULATIVO: CUANDO LOS PROBLEMAS SE ENTRELAZAN

Aunque la ansiedad, la depresión y el agotamiento emocional son condiciones distintas, a menudo están interconectadas. Una relación tóxica puede desencadenar primero ansiedad, que si no se gestiona adecuadamente puede evolucionar hacia la depresión. A medida que la situación se prolonga, el desgaste emocional se convierte en agotamiento.

Por ejemplo:

- La ansiedad constante puede llevar a la fatiga y a la incapacidad de disfrutar de la vida, lo que contribuye a la depresión.

- La depresión, al disminuir nuestra energía, nos hace más vulnerables al agotamiento emocional.

- El agotamiento, a su vez, alimenta la ansiedad al dejarnos sin recursos para enfrentar los desafíos cotidianos.

## CUANDO LOS EFECTOS SE HACEN EVIDENTES

Es posible que no reconozcamos inmediatamente los efectos que una relación tóxica está teniendo en nuestra salud mental. Sin embargo, algunos signos de alarma que indican que la relación está afectando gravemente nuestro bienestar son:

- Cambios drásticos en el estado de ánimo o el comportamiento.
- Aislamiento social o distanciamiento de personas importantes en tu vida.
- Sensación de que "no eres tú mismo" o de haber perdido tu identidad.
- Problemas físicos recurrentes sin causa médica aparente.

## UN LLAMADO A LA CONSCIENCIA

Reconocer el impacto de una relación tóxica en nuestra salud mental no es un signo de debilidad, sino un acto de valentía. Es el primer paso para priorizar nuestro bienestar y buscar soluciones. Ya sea a través de apoyo profesional, redes de apoyo emocional o decisiones difíciles como el desapego, es posible detener el deterioro y comenzar a sanar.

## LA PÉRDIDA DE IDENTIDAD PERSONAL: EL PRECIO OCULTO DE QUEDARSE

*"A veces nos perdemos tanto en los demás que olvidamos quiénes éramos antes de encontrarlos."* – Unknown

Una de las consecuencias más devastadoras de permanecer en una relación tóxica es la pérdida gradual de nuestra identidad personal. Al invertirnos completamente en un vínculo que no nos respeta ni nos nutre, corremos el riesgo de desconectarnos de nuestras necesidades, valores y deseos. Este proceso no sucede de la noche a la mañana, sino que es el resultado de un desgaste emocional constante que, al final, nos deja sintiéndonos como una sombra de quienes éramos.

## ¿QUÉ SIGNIFICA PERDER LA IDENTIDAD?

La pérdida de identidad ocurre cuando dejamos de reconocernos en nuestras propias acciones, pensamientos y emociones. Es una desconexión interna que surge al priorizar constantemente las necesidades y expectativas de otra persona sobre las nuestras. En una relación tóxica, esto puede tomar diversas formas:

**1 Sacrificio constante**: Renunciar a tus propias metas, intereses o sueños para evitar conflictos o para satisfacer a la otra persona.

**2 Adaptación excesiva**: Cambiar quién eres o cómo actúas para cumplir con las expectativas o demandas de la relación.

**3 Confusión de valores**: Cuestionar tus propias creencias o principios porque la relación los desafía o los invalida.

**4 Falta de autonomía**: Sentir que no puedes tomar decisiones importantes sin la aprobación de la otra persona.

## CÓMO SE DESARROLLA LA PÉRDIDA DE IDENTIDAD EN UNA RELACIÓN TÓXICA

### 1 CONTROL Y MANIPULACIÓN

En muchas relaciones tóxicas, el control se disfraza de preocupación o cuidado. Comentarios como "lo hago por tu bien" o "yo sé qué es mejor para nosotros" pueden llevarnos a ceder pequeñas partes de nuestra autonomía hasta que, eventualmente, perdemos el control de nuestras propias decisiones. Este control puede manifestarse en aspectos cotidianos, como cómo vestirnos o con quién pasar tiempo, hasta decisiones más profundas, como nuestras metas de vida.

### 2 DEPENDENCIA EMOCIONAL

La dependencia emocional fomenta la creencia de que nuestra valía y felicidad dependen exclusivamente de la relación. Este tipo de apego nos lleva a buscar validación constante y a medir nuestro valor personal en función de cómo la otra persona nos percibe. Como resultado, olvidamos nuestra capacidad de encontrar satisfacción y propósito por nuestra cuenta.

### 3 DESGASTE A TRAVÉS DEL GASLIGHTING

El gaslighting, una forma de manipulación emocional, juega un papel importante en la pérdida de identidad. Cuando una persona distorsiona nuestra percepción de la realidad, haciéndonos dudar de nuestros propios pensamientos o emociones, comenzamos a desconfiar de nuestra intuición. Frases como "te estás imaginando cosas" o "eres demasiado sensible" nos hacen cuestionar nuestras propias experiencias, debilitando nuestro sentido de quiénes somos.

### 4 PRIORIDADES DISTORSIONADAS

En una relación tóxica, nuestras prioridades suelen ser dictadas por las necesidades de la otra persona. Poco a poco, actividades, relaciones y sueños que solían ser importantes para nosotros quedan relegados a un segundo plano. A largo plazo, esto crea una sensación de vacío, ya que nuestra vida se centra exclusivamente en la relación.

## LOS SÍNTOMAS DE LA PÉRDIDA DE IDENTIDAD

Reconocer que hemos perdido el sentido de quiénes somos puede ser difícil, especialmente si estamos inmersos en una relación que nos consume. Algunos síntomas comunes incluyen:

• **Desconexión con tus pasiones**: Actividades o hobbies que antes te entusiasmaban ahora te parecen irrelevantes.

• **Falta de claridad sobre tus deseos**: Te cuesta saber qué quieres o qué necesitas porque siempre estás enfocado en lo que la otra persona quiere.

• **Sensación de vacío**: Una sensación persistente de que algo falta en tu vida, aunque no puedas identificar qué es.

• **Autoestima debilitada**: Ya no te sientes capaz o suficiente sin la validación constante de la otra persona.

## EL PRECIO EMOCIONAL DE LA PÉRDIDA DE IDENTIDAD

La pérdida de identidad no solo afecta cómo nos percibimos a nosotros mismos, sino también nuestra capacidad para relacionarnos con los demás. Al desconectarnos de nuestra esencia, es más difícil establecer límites, tomar decisiones y construir una vida que refleje nuestras verdaderas prioridades. Además, este vacío interno puede alimentar sentimientos de depresión, ansiedad y dependencia, creando un ciclo difícil de romper.

## ¿CÓMO RECUPERAR TU IDENTIDAD?

Aunque la pérdida de identidad puede sentirse como un callejón sin salida, es posible reconectar contigo mismo. El primer paso es tomar conciencia de lo que has perdido y de lo que realmente quieres recuperar. Algunas estrategias incluyen:

**1 Reconectar con tus pasiones**: Dedica tiempo a actividades que solían hacerte feliz, incluso si ahora te parecen insignificantes.

**2 Reflexionar sobre tus valores**: Pregúntate qué es importante para ti, más allá de la relación.

**3 Buscar apoyo externo**: Hablar con amigos, familiares o un terapeuta puede ayudarte a explorar quién eres fuera de la relación.

**4 Establecer límites**: Reconstruir tu identidad requiere proteger tu espacio emocional y físico de las demandas excesivas de los demás.

*"Perderte en una relación puede ser doloroso, pero reencontrarte es una de las mayores expresiones de amor propio."*

## CÓMO LAS RELACIONES TÓXICAS AFECTAN NUESTRAS CONEXIONES CON OTROS

*"La calidad de nuestras relaciones define la calidad de nuestras vidas, pero una relación tóxica puede teñir todas las demás."* – Unknown

Las relaciones tóxicas no solo afectan a quienes están directamente involucrados, sino que también tienen un impacto profundo en nuestras conexiones con otras personas importantes en nuestras vidas. Familia, amigos, compañeros de trabajo, e incluso futuras relaciones de pareja, pueden verse influenciados por el desgaste emocional y los patrones de interacción que surgen de un vínculo insalubre. Identificar estos efectos nos ayuda a comprender por qué es fundamental priorizar nuestra salud emocional y proteger nuestras relaciones externas.

### EL EFECTO DOMINÓ DE UNA RELACIÓN TÓXICA

Las emociones y dinámicas que vivimos dentro de una relación tóxica tienden a extenderse como ondas hacia otras áreas de nuestra vida. Este "efecto dominó" puede manifestarse de varias formas:

**1 Aislamiento Social**

Una de las tácticas más comunes en una relación tóxica es el aislamiento, ya sea porque la otra persona desalienta nuestras conexiones externas o porque nosotros mismos comenzamos a alejarnos. Esto puede suceder debido a:

- **Control directo**: Comentarios como "No necesitas a nadie más" o críticas hacia nuestros amigos y familiares.

- **Falta de energía emocional**: La relación consume tanto de nosotros que no queda espacio para otras interacciones.

- **Vergüenza o culpa**: Sentirnos juzgados por los demás o temer que descubran lo que estamos viviendo.

El aislamiento no solo nos desconecta de quienes podrían brindarnos apoyo, sino que también refuerza nuestra dependencia emocional de la relación tóxica.

## 2 Cambios en el Comportamiento

Las relaciones tóxicas pueden alterar nuestra forma de interactuar con los demás. Por ejemplo:

• **Mayor irritabilidad**: El estrés acumulado de la relación puede llevarnos a tener menos paciencia o ser más reactivos en otras interacciones.

• **Desconfianza generalizada**: Si hemos sido manipulados o heridos, podemos desarrollar una actitud defensiva hacia otros, dificultando nuevas conexiones.

• **Dificultad para comunicarnos**: La inseguridad o la represión emocional que experimentamos en la relación tóxica puede traducirse en una incapacidad para expresarnos abiertamente con los demás.

## 3 Drenaje de Energía

Las relaciones tóxicas suelen consumir gran parte de nuestra energía emocional y mental, dejando poco espacio para invertir en otros vínculos. Esto puede resultar en:

• **Desconexión emocional**: Falta de interés o capacidad para estar presente en momentos importantes con amigos o familiares.

• **Abandono de relaciones clave**: Pérdida de contacto o deterioro de amistades debido a la falta de tiempo y energía.

## CÓMO AFECTA A LAS FUTURAS RELACIONES

Una relación tóxica puede tener un impacto duradero en cómo percibimos y manejamos los vínculos futuros. Algunas de las formas más comunes incluyen:

## 1 Miedo al Compromiso

Después de una experiencia tóxica, es común temer involucrarnos emocionalmente de nuevo. Este miedo puede llevarnos a evitar nuevas relaciones o a mantenernos distantes para protegernos de posibles daños.

## 2 Repetición de Patrones

Si no identificamos y sanamos los patrones de la relación tóxica, es probable que volvamos a repetirlos en el futuro. Esto puede incluir:

- Elegir parejas o amistades que perpetúan dinámicas similares.
- Actuar desde la inseguridad o el control debido a las heridas no resueltas.

**3 Autoestima Dañada**

El desgaste emocional de una relación tóxica puede dejarnos sintiéndonos inadecuados o incapaces de mantener una relación saludable. Esta percepción errónea puede llevarnos a sabotear nuevas conexiones o aceptar menos de lo que merecemos.

## IMPACTO EN EL ENTORNO FAMILIAR

Las relaciones tóxicas también afectan a nuestras familias, especialmente si el vínculo tóxico es con un miembro de la familia o si este influye en nuestra vida diaria. Los efectos incluyen:

- **Tensiones familiares**: Los conflictos dentro de una relación tóxica pueden filtrarse a la dinámica familiar, creando divisiones o tensiones entre otros miembros.
- **Ejemplo para las nuevas generaciones**: Si hay niños involucrados, ellos pueden absorber patrones tóxicos y repetirlos en sus propias relaciones futuras.

## RECUPERANDO LAS CONEXIONES PERDIDAS

Aunque las relaciones tóxicas pueden dañar nuestras conexiones externas, es posible reconstruirlas. Algunos pasos para comenzar incluyen:

**1 Reconocer el impacto**: Reflexionar sobre cómo la relación tóxica ha afectado a tus relaciones con los demás.

**2 Reconectar con tus redes de apoyo**: Buscar a aquellos amigos o familiares con los que has perdido contacto y ser honesto sobre tus experiencias.

**3 Establecer límites**: Proteger tus relaciones externas de la influencia de la relación tóxica.

**4 Trabajar en tu confianza**: Sanar la autoestima y aprender a confiar nuevamente en los demás.

## LA IMPORTANCIA DE LAS RELACIONES SALUDABLES

## Mira Hart

Aunque una relación tóxica puede dejarnos sintiendo desconfianza o desconexión, también puede enseñarnos el valor de los vínculos saludables. Construir relaciones basadas en el respeto, la comunicación abierta y el apoyo mutuo es esencial para sanar y crecer.

*"A veces, para sanar nuestras relaciones con los demás, primero debemos sanar la relación con nosotros mismos."*

# 4. Reconociendo Tus Propios Patrones

## CO-DEPENDENCIA: QUÉ ES Y CÓMO PERPETÚA LA TOXICIDAD

*"Amar no significa perderte en el otro, sino encontrarte junto a él."* – Unknown

La co-dependencia es un patrón de comportamiento que se caracteriza por una necesidad excesiva de cuidar, complacer o depender emocionalmente de otra persona, a menudo a costa de nuestras propias necesidades y bienestar. Este fenómeno no solo perpetúa la toxicidad en las relaciones, sino que también impide que ambas partes crezcan de manera saludable. Comprender qué es la co-dependencia, cómo surge y cómo afecta nuestras relaciones es clave para reconocer este patrón y comenzar a romperlo.

### ¿QUÉ ES LA CO-DEPENDENCIA?

La co-dependencia se desarrolla cuando una persona basa su identidad, autoestima y felicidad en la relación con otra persona. Este vínculo puede parecer, en un principio, una conexión fuerte y amorosa, pero con el tiempo se transforma en una dinámica desequilibrada donde:

- Una persona asume el rol de "cuidador" o "salvador".
- La otra depende de este cuidado para sostener su estabilidad emocional.

En este tipo de relaciones, el cuidador obtiene su sentido de propósito y valor a través de satisfacer las necesidades del otro, mientras que el dependiente perpetúa esta dinámica al no asumir responsabilidad por su propio bienestar.

## CARACTERÍSTICAS DE LA CO-DEPENDENCIA

### 1 Falta de límites claros

o En una relación co-dependiente, las personas tienen dificultades para establecer límites saludables. Esto significa que el cuidador puede descuidar sus propias necesidades para atender las de la otra persona, mientras que el dependiente puede aprovecharse de esta dinámica.

o Frases como "si me amas, harías esto por mí" son comunes y refuerzan la falta de separación emocional.

### 2 Deseo de aprobación constante

o El cuidador busca validación a través de su papel, creyendo que su valor reside en lo que hace por la otra persona, no en quién es.

### 3 Negación de problemas personales

o La persona co-dependiente tiende a ignorar sus propias emociones y dificultades, enfocándose exclusivamente en "arreglar" los problemas del otro.

### 4 Miedo al abandono

o Este temor profundo lleva a la persona co-dependiente a permanecer en la relación, incluso si es claramente perjudicial, ya que teme quedarse sola o sentirse "inútil" sin la relación.

## ¿CÓMO SE DESARROLLA LA CO-DEPENDENCIA?

La co-dependencia suele tener raíces profundas en experiencias tempranas de vida, como:

### 1 Infancia en entornos disfuncionales

o Crecer en un hogar donde las emociones no se manejaron adecuadamente, hubo abuso, negligencia o adicción puede enseñar a los niños a asumir roles de cuidado para protegerse o ganar afecto.

### 2 Patrones de apego inseguro

o Las relaciones tempranas con cuidadores inconsistentes o emocionalmente ausentes pueden llevarnos a buscar desesperadamente seguridad en nuestras relaciones adultas, incluso a costa de nuestra autonomía.

**3 Creencias culturales y sociales**

○ En algunas culturas o contextos, se glorifica el sacrificio personal en nombre del amor o la familia, reforzando dinámicas co-dependientes como algo "normal" o incluso deseable.

## LA CO-DEPENDENCIA COMO REFUERZO DE LA TOXICIDAD

En una relación tóxica, la co-dependencia crea un círculo vicioso que dificulta salir de la relación o transformar sus dinámicas:

• **Ciclo de salvador y dependiente**:

○ El cuidador se siente valorado al "rescatar" continuamente a la otra persona, mientras que el dependiente evita asumir responsabilidad porque sabe que el cuidador estará ahí para hacerlo.

• **Refuerzo del desequilibrio**:

○ El cuidador puede llegar a sentirse indispensable, perpetuando la relación, mientras que el dependiente refuerza su papel de víctima o necesitado.

Por ejemplo, en una relación donde hay abuso emocional, la persona cuidadora podría justificar el comportamiento tóxico del dependiente con frases como "él/ella solo necesita mi ayuda para cambiar" o "si lo dejo, no podrá salir adelante". Esto mantiene a ambos atrapados en una dinámica destructiva.

## CONSECUENCIAS DE LA CO-DEPENDENCIA

La co-dependencia no solo perpetúa la toxicidad en la relación, sino que también afecta profundamente a la persona cuidadora:

**1 Pérdida de identidad personal**

○ Al enfocarse exclusivamente en el otro, el cuidador pierde de vista sus propios deseos, necesidades y valores.

**2 Agotamiento emocional**

○ La constante presión de sostener la relación drena energía emocional y mental, llevando al agotamiento.

**3 Baja autoestima**

○ La validación externa se convierte en la única fuente de autoestima, dejando al cuidador vulnerable al rechazo o a la falta de reconocimiento.

## ROMPIENDO EL PATRÓN DE CO-DEPENDENCIA

Salir de una dinámica co-dependiente requiere tiempo, esfuerzo y, en muchos casos, apoyo profesional. Algunos pasos iniciales incluyen:

### 1 Reconocer el patrón

- Admitir que existe una dinámica co-dependiente es el primer paso hacia el cambio.

### 2 Establecer límites claros

- Aprender a decir "no" y priorizar tus propias necesidades sin sentir culpa.

### 3 Trabajar en la autoestima

- Enfocarte en actividades y relaciones que te hagan sentir valorado por quién eres, no por lo que haces por los demás.

### 4 Buscar apoyo externo

- Hablar con un terapeuta o un grupo de apoyo puede ser crucial para identificar las raíces de la co-dependencia y aprender nuevas formas de relacionarte.

*"El amor no debería exigir que te pierdas a ti mismo. Dejar de ser co-dependiente no es el fin de la conexión, sino el inicio de un vínculo más saludable."*

## PATRONES DE APEGO: CÓMO INFLUYEN EN NUESTRAS ELECCIONES

*"El tipo de amor que buscamos está profundamente conectado con las heridas que llevamos."* – Unknown

Nuestros patrones de apego, moldeados en la infancia, influyen de manera significativa en cómo nos relacionamos con los demás en la adultez. Estos patrones no solo determinan cómo elegimos nuestras relaciones, sino también cómo manejamos el conflicto, la intimidad y la dependencia emocional. Comprenderlos es esencial para identificar cómo perpetúan dinámicas tóxicas y cómo podemos transformarlos.

### ¿QUÉ SON LOS PATRONES DE APEGO?

La teoría del apego, desarrollada por John Bowlby y ampliada por Mary Ainsworth, explica que nuestras primeras experiencias con cuidadores crean un "modelo interno" que usamos para entender el amor y la conexión. Este modelo influye en nuestras expectativas y comportamientos en las relaciones adultas.

Existen cuatro tipos principales de apego:

**1 Apego Seguro**

o Las personas con apego seguro se sienten cómodas con la intimidad y la independencia. Han desarrollado una base emocional sólida gracias a experiencias de cuidado consistente y afecto.

o En las relaciones, estas personas tienden a buscar el equilibrio y la reciprocidad.

**2 Apego Ansioso**

o Las personas con apego ansioso temen al abandono y buscan constante validación y seguridad en sus relaciones. Este patrón surge cuando los cuidadores fueron inconsistentes o impredecibles.

o En una relación, pueden ser percibidas como necesitadas o dependientes, temiendo constantemente que la otra persona las deje.

**3 Apego Evitativo**

o Quienes tienen apego evitativo tienden a desconectarse emocionalmente y evitan la intimidad, priorizando la independencia. Este patrón surge en entornos donde el afecto fue limitado o el cuidado emocional fue rechazado.

o En una relación, pueden parecer distantes, fríos o reacios a comprometerse.

**4 Apego Desorganizado**

o Este patrón combina elementos de los estilos ansioso y evitativo. Las personas con apego desorganizado suelen desear la cercanía, pero al mismo tiempo temen la intimidad debido a experiencias traumáticas o abusivas en la infancia.

o En una relación, pueden mostrar comportamientos contradictorios, como acercarse y alejarse constantemente.

**¿CÓMO INFLUYEN LOS PATRONES DE APEGO EN NUESTRAS RELACIONES?**

**1 ELECCIÓN DE PAREJA**

Nuestros patrones de apego actúan como un "radar emocional", llevándonos a elegir inconscientemente parejas que confirmen nuestras expectativas sobre el amor. Por ejemplo:

• Una persona con apego ansioso puede sentirse atraída por alguien con apego evitativo, creando una dinámica de "perseguidor y distanciador".

• Las personas con apego desorganizado pueden buscar relaciones intensas, pero a menudo terminan en vínculos tóxicos debido a su dificultad para manejar la intimidad.

## 2 GESTIÓN DEL CONFLICTO

• **Apego Ansioso**: Tienden a evitar el conflicto directo por miedo a perder a la otra persona, pero pueden volverse excesivamente emocionales cuando sienten que sus necesidades no se cumplen.

• **Apego Evitativo**: Prefieren distanciarse durante los conflictos, lo que puede frustrar a sus parejas que buscan resolución.

• **Apego Desorganizado**: Pueden alternar entre reacciones extremas, como agresión o retiro emocional, dificultando la resolución de problemas.

## 3 EXPECTATIVAS EN LA RELACIÓN

Los patrones de apego también determinan qué consideramos "normal" en una relación. Alguien con apego ansioso puede percibir el control o la dependencia como una prueba de amor, mientras que una persona con apego evitativo puede confundir la desconexión emocional con autonomía saludable.

## PATRONES DE APEGO Y RELACIONES TÓXICAS

Los patrones de apego inseguros (ansioso, evitativo y desorganizado) pueden crear y perpetuar dinámicas tóxicas:

### 1 Círculo de dependencia y rechazo

o Una persona con apego ansioso puede aferrarse emocionalmente a su pareja, mientras que alguien con apego evitativo se retrae, alimentando un ciclo de inseguridad y distanciamiento.

### 2 Miedo a dejar ir

o Las personas con apego ansioso o desorganizado a menudo temen abandonar una relación tóxica, incluso cuando reconocen que les hace daño, debido al miedo al rechazo o al abandono.

### 3 Atracción hacia patrones conocidos

○ Si creciste en un entorno con patrones de apego disfuncionales, es probable que busques relaciones que repliquen esos patrones, ya que resultan familiares, aunque sean perjudiciales.

## ¿CÓMO TRANSFORMAR LOS PATRONES DE APEGO INSEGUROS?

Aunque nuestros patrones de apego son profundamente arraigados, no son inmutables. Con esfuerzo consciente, podemos trabajar para desarrollar un apego más seguro y saludable.

### 1 Identificar tu patrón de apego

○ Reflexiona sobre cómo manejas la intimidad, el conflicto y la independencia en tus relaciones. Pregúntate:

- ¿Buscas constantemente validación?
- ¿Tiendes a evitar el compromiso o la vulnerabilidad?
- ¿Te sientes atrapado en relaciones conflictivas pero no puedes dejarlas?

### 2 Construir conciencia emocional

○ Practica identificar y expresar tus emociones de manera saludable. Esto incluye reconocer cuándo te sientes inseguro o desconectado y aprender a comunicarlo.

### 3 Establecer límites saludables

○ Trabaja en separar tus necesidades y emociones de las de tu pareja. Esto te ayudará a mantener tu autonomía emocional.

### 4 Buscar apoyo profesional

○ La terapia, especialmente la enfocada en el apego o las relaciones, puede ser invaluable para identificar patrones dañinos y trabajar en su transformación.

## CONSTRUYENDO RELACIONES SALUDABLES

Comprender nuestros patrones de apego nos da el poder de cambiar la forma en que nos relacionamos con los demás. Al desarrollar un apego más seguro, podemos construir relaciones basadas en el respeto mutuo, la comunicación abierta y el equilibrio emocional.

*"Tu historia no define tus relaciones futuras, pero tu voluntad de crecer sí puede transformarlas."*

## IDENTIFICAR CICLOS EMOCIONALES REPETITIVOS EN TUS RELACIONES

*"La repetición de patrones no es un castigo, sino una lección que aún no hemos aprendido."* – Unknown

En muchas relaciones, especialmente en aquellas con dinámicas tóxicas o insatisfactorias, es común caer en ciclos emocionales repetitivos. Estos patrones, que a menudo pasan desapercibidos, nos mantienen atrapados en comportamientos y emociones familiares, incluso cuando sabemos que no son saludables. Identificar estos ciclos es un paso crucial para romper con ellos y construir relaciones más equilibradas y conscientes.

### ¿QUÉ SON LOS CICLOS EMOCIONALES REPETITIVOS?

Los ciclos emocionales repetitivos son patrones de comportamiento y respuesta emocional que se repiten en nuestras relaciones a lo largo del tiempo. Suelen estar impulsados por heridas emocionales no resueltas, creencias limitantes y nuestras experiencias de apego. Estos ciclos pueden manifestarse como:

- **Conflictos recurrentes**: Las mismas discusiones o desacuerdos que surgen repetidamente sin resolverse.

- **Roles rígidos en la relación**: Adoptar siempre el papel de cuidador, víctima, salvador o agresor.

- **Reacciones emocionales predecibles**: Como explotar ante el conflicto, retirarse emocionalmente o buscar reconciliaciones rápidas.

### CARACTERÍSTICAS DE LOS CICLOS EMOCIONALES

**1 Patrones predecibles**

o Los ciclos emocionales suelen seguir un guion: un desencadenante (un comentario, una acción, una situación) provoca una respuesta emocional que lleva a un comportamiento repetido. Por ejemplo:

■ Una persona siente que no se le presta suficiente atención (desencadenante).

■ Reacciona con quejas o demandas emocionales (respuesta).

- La otra persona responde distanciándose, lo que refuerza la inseguridad de la primera.

### 2 Falta de resolución

○ Aunque los ciclos pueden incluir momentos de reconciliación o alivio temporal, los problemas subyacentes nunca se abordan por completo, lo que permite que el ciclo se repita.

### 3 Emociones dominantes

○ Los ciclos emocionales suelen estar impulsados por emociones como el miedo, la culpa, la ira o la ansiedad, que se perpetúan a medida que el patrón continúa.

## EJEMPLOS COMUNES DE CICLOS EMOCIONALES

### 1 El ciclo de persecución y evasión

○ En este patrón, una persona busca constantemente atención, validación o resolución (el perseguidor), mientras que la otra se retira o evita el conflicto (el evasor). Esto genera una dinámica donde ambas partes se sienten insatisfechas y reforzan el comportamiento del otro.

### 2 El ciclo de culpa y reparación

○ Una persona comete un error o actúa de manera hiriente, lo que provoca culpa. Luego intenta reparar la relación con gestos exagerados o promesas de cambio, pero sin abordar las causas profundas de su comportamiento. El patrón se repite con el tiempo.

### 3 El ciclo de salvador y víctima

○ En este patrón, una persona asume el rol de salvador, intentando "arreglar" o "rescatar" a la otra, que adopta el papel de víctima indefensa. Este ciclo puede parecer funcional, pero en realidad refuerza la dependencia y evita que ambas partes crezcan.

## ¿POR QUÉ REPETIMOS ESTOS CICLOS?

### 1 Heridas emocionales no resueltas

○ Los ciclos repetitivos suelen estar ligados a experiencias pasadas que no hemos procesado completamente. Por ejemplo, una infancia marcada por la inseguridad emocional puede llevarnos a buscar constantemente validación o evitar la intimidad.

**2 Creencias limitantes**

o Ideas como "el amor debe ser difícil" o "no soy suficiente" pueden llevarnos a perpetuar dinámicas que refuercen estas creencias, incluso de forma inconsciente.

**3 Zona de confort emocional**

o Aunque los ciclos emocionales puedan ser dolorosos, también resultan familiares. Repetir estos patrones nos evita enfrentarnos a lo desconocido y al esfuerzo de cambiar.

## CÓMO IDENTIFICAR TUS CICLOS EMOCIONALES

**1 Reconoce los desencadenantes**

o Reflexiona sobre los momentos en los que sientes más tensión o conflicto en tus relaciones. ¿Qué situaciones o comportamientos suelen iniciar el ciclo?

**2 Identifica tus respuestas emocionales**

o Observa cómo reaccionas ante los desencadenantes. ¿Tiendes a culpar, distanciarte, buscar aprobación o controlar la situación?

**3 Busca patrones recurrentes**

o Analiza si hay similitudes entre tus relaciones actuales y pasadas. ¿Repites los mismos conflictos o dinámicas con diferentes personas?

**4 Examina los roles que asumes**

o Pregúntate si tiendes a adoptar un rol específico en tus relaciones (como cuidador, salvador o víctima) y cómo esto contribuye al ciclo.

## CÓMO ROMPER LOS CICLOS EMOCIONALES REPETITIVOS

**1 Incrementa tu autoconciencia**

o Reconocer que estás atrapado en un ciclo es el primer paso hacia el cambio. Lleva un diario o reflexiona después de cada conflicto para identificar patrones.

**2 Cuestiona tus creencias**

o Pregúntate si las ideas que tienes sobre el amor y las relaciones están influyendo en tus comportamientos. ¿Son realistas o están basadas en experiencias pasadas?

**3 Comunica tus emociones**

- Habla abierta y honestamente con tu pareja o la persona involucrada en el ciclo. Expresa cómo te sientes y qué necesitas, sin culpar ni atacar.

**4 Establece nuevos patrones**

- Romper un ciclo requiere cambiar tu respuesta emocional o de comportamiento ante los desencadenantes. Por ejemplo:
  - En lugar de perseguir a alguien que se distancia, da un paso atrás y enfócate en tus propias emociones.
  - Si tiendes a evitar el conflicto, intenta expresar tus preocupaciones de manera calmada y directa.

**5 Busca ayuda profesional**

- La terapia puede ser una herramienta poderosa para explorar las raíces de tus ciclos emocionales y aprender estrategias para manejarlos.

## EL PODER DE ROMPER EL CICLO

Romper los ciclos emocionales repetitivos no es fácil, pero es esencial para construir relaciones más conscientes y saludables. Al hacerlo, no solo liberas tus relaciones actuales del peso del pasado, sino que también te permites crecer como individuo.

*"Reconocer el patrón es el primer paso para transformarlo. Tus relaciones no están destinadas a ser un reflejo de tus heridas, sino un espacio para sanar y crecer."*

# 5. La Decisión De Dejar Ir

## EVALUANDO LA RELACIÓN: PREGUNTAS CLAVE PARA DECIDIR SI CONTINUAR O DEJAR IR

*"A veces, la decisión más difícil es la que más necesita ser tomada."* – Unknown

Cuando nos encontramos atrapados en una relación que nos genera dolor, incertidumbre o desgaste emocional, surge inevitablemente una pregunta: ¿Debo continuar o dejar ir? Esta decisión no es fácil, y está cargada de emociones como miedo, culpa y esperanza. Evaluar objetivamente la relación es un paso esencial para tomar una decisión consciente y alineada con nuestro bienestar.

### LA IMPORTANCIA DE EVALUAR TU RELACIÓN

Tomarse el tiempo para evaluar una relación permite alejarse del caos emocional y observar la situación desde una perspectiva más clara. Esto no significa buscar la perfección en la relación, sino reflexionar sobre si este vínculo fomenta tu crecimiento personal y tu felicidad, o si, por el contrario, te está limitando.

Una evaluación honesta también ayuda a disipar dudas y a evitar decisiones impulsivas o basadas únicamente en el miedo o la culpa.

### PREGUNTAS CLAVE PARA EVALUAR TU RELACIÓN

## La Fuerza de Dejar Ir

Estas preguntas están diseñadas para guiarte en una reflexión profunda sobre el estado actual de tu relación y su impacto en tu vida:

### 1 ¿Me siento valorado/a en esta relación?

○ Pregúntate si tu pareja, amigo o familiar reconoce y respeta tus necesidades, emociones y aportaciones. Si te sientes constantemente ignorado/a o menospreciado/a, es una señal de alerta.

### 2 ¿La relación fomenta mi crecimiento personal?

○ Las relaciones saludables inspiran y apoyan el desarrollo personal. Si sientes que esta relación te está reteniendo o te ha alejado de tus metas y sueños, es importante analizar por qué.

### 3 ¿El equilibrio es mutuo?

○ Reflexiona sobre si hay reciprocidad en el apoyo emocional, las responsabilidades y el esfuerzo. Si siempre eres tú quien carga con el peso de la relación, esto puede indicar un desequilibrio tóxico.

### 4 ¿Me siento seguro/a emocionalmente?

○ Una relación debe ser un espacio donde puedas ser tú mismo/a sin temor al juicio, la manipulación o el rechazo. Si constantemente te sientes en guardia o vulnerable, la relación puede estar afectando tu salud emocional.

### 5 ¿Puedo imaginarme un futuro con esta relación?

○ Visualiza cómo sería tu vida si esta relación se mantuviera igual. ¿Es un futuro que deseas, o te genera ansiedad y descontento? Si la relación no tiene un camino claro hacia la mejora, puede ser el momento de reconsiderarla.

### 6 ¿Estamos ambos comprometidos a trabajar en la relación?

○ Pregúntate si ambas partes están dispuestas a reflexionar y cambiar. Si solo uno de ustedes está haciendo el esfuerzo, es probable que la relación no pueda avanzar.

### 7 ¿Qué me impide dejar ir esta relación?

○ Reflexiona sobre tus miedos y creencias. ¿Es el miedo a la soledad, el apego al pasado o la esperanza de que la otra persona cambie lo que te mantiene aquí? Identificar estos bloqueos es clave para superarlos.

## CÓMO INTERPRETAR TUS RESPUESTAS

Tus respuestas a estas preguntas te proporcionarán pistas valiosas sobre el estado de la relación. Algunas posibles conclusiones incluyen:

- **La relación tiene esperanza**: Si ambas partes están dispuestas a trabajar juntas y hay más aspectos positivos que negativos, la relación podría transformarse con comunicación y esfuerzo mutuo.

- **La relación está en un punto crítico**: Si identificas muchos problemas pero aún existe un deseo genuino de cambio por ambas partes, puedes considerar buscar apoyo externo, como terapia de pareja o mediación.

- **La relación es insostenible**: Si prevalecen los sentimientos de vacío, inseguridad o agotamiento emocional, y la otra persona no está dispuesta a cambiar, es momento de priorizar tu bienestar.

## LA PARADOJA DEL APEGO: ESPERANZA VS. REALIDAD

Una de las mayores dificultades al evaluar una relación es equilibrar la esperanza de que las cosas mejoren con la realidad de lo que está sucediendo. La esperanza puede ser poderosa, pero también puede cegarnos ante patrones destructivos que no cambian. Es importante diferenciar entre:

- **Esperanza basada en hechos**: Cuando hay evidencia clara de esfuerzo y compromiso mutuo para mejorar la relación.

- **Esperanza ilusoria**: Cuando, a pesar de promesas reiteradas, los mismos problemas persisten sin solución.

## EL PODER DE LA CLARIDAD

Responder honestamente a estas preguntas no garantiza una decisión inmediata, pero te brinda la claridad necesaria para tomarla. Evalúa cómo te sientes después de reflexionar: si experimentas alivio o resignación al pensar en dejar ir, esta sensación puede ser una brújula para guiarte.

*"Dejar ir no siempre es un acto de abandono, sino un acto de amor hacia uno mismo y hacia el potencial de una vida más plena."*

## SUPERANDO EL MIEDO AL CAMBIO Y A LA INCERTIDUMBRE

*"El mayor crecimiento ocurre cuando aprendemos a confiar en nosotros mismos, incluso cuando todo lo demás parece incierto."* – Unknown

Decidir dejar ir una relación tóxica puede ser un proceso paralizante, no solo por el apego emocional, sino también por el miedo al cambio y a la incertidumbre que viene con él. La perspectiva de abandonar lo familiar —aunque sea doloroso— y aventurarse hacia lo desconocido activa nuestras inseguridades más profundas. Sin embargo, superar este miedo es esencial para tomar decisiones alineadas con nuestro bienestar.

## ¿POR QUÉ TEMEMOS EL CAMBIO?

El miedo al cambio es una respuesta natural del cerebro, diseñada para protegernos del riesgo y la incertidumbre. Aunque nos duela, las relaciones tóxicas pueden ofrecernos una sensación de control o estabilidad, simplemente porque sabemos qué esperar. Dejar esa familiaridad puede generar ansiedad, ya que implica enfrentar:

### 1 La soledad

○ Muchas personas temen que al dejar una relación no encontrarán otra conexión significativa. Este miedo alimenta la creencia de que es mejor quedarse en una relación insatisfactoria que enfrentar la soledad.

### 2 El fracaso percibido

○ Soltar una relación puede sentirse como admitir que "fallamos". Esto puede estar influido por presiones sociales, familiares o incluso nuestras propias expectativas.

### 3 La pérdida de identidad

○ En relaciones tóxicas, nuestra identidad a menudo se entrelaza con el rol que desempeñamos en el vínculo. Dejar la relación puede dejarnos preguntándonos: *¿Quién soy sin esta persona?*

### 4 El miedo a lo desconocido

○ La incertidumbre sobre lo que vendrá después puede ser intimidante. Nos preguntamos: *¿Seré feliz? ¿Tendré apoyo? ¿Tome la decisión correcta?*

## CÓMO SUPERAR EL MIEDO AL CAMBIO

Superar el miedo al cambio no significa eliminarlo por completo, sino aprender a actuar a pesar de él. Aquí hay estrategias clave para enfrentarlo:

### 1 REFLEXIONA SOBRE TU ZONA DE CONFORT

La zona de confort, aunque conocida, no siempre es un lugar seguro o saludable. Pregúntate:

• ¿Qué precio emocional, físico o mental estoy pagando por quedarme aquí?

• ¿Qué oportunidades estoy perdiendo al no explorar lo que hay más allá?

Reconocer que el cambio es necesario para tu crecimiento personal puede motivarte a salir de esta zona.

## 2 VISUALIZA UNA NUEVA REALIDAD

En lugar de enfocarte únicamente en lo que estás dejando atrás, imagina cómo sería tu vida si te liberas de esta relación. Visualiza:

• Un espacio emocional donde te sientas tranquilo/a y en paz.

• Nuevas conexiones basadas en el respeto y la reciprocidad.

• Tiempo y energía para dedicarte a tus propias pasiones y sueños.

Este ejercicio puede ayudarte a cambiar tu perspectiva, viendo el cambio como una oportunidad en lugar de una amenaza.

## 3 ENFRENTA TUS MIEDOS CON REALISMO

El miedo a menudo se basa en suposiciones, no en hechos. Pregúntate:

• ¿Qué es lo peor que podría pasar si dejo esta relación? ¿Es realmente tan catastrófico como lo imagino?

• ¿Qué recursos tengo para manejar esos posibles escenarios?

• ¿Cuántas veces he superado situaciones difíciles en el pasado?

Enfrentar estos temores de manera racional puede disminuir su poder sobre ti.

## 4 APOYA TU DECISIÓN CON PEQUEÑOS PASOS

El cambio no tiene que ser inmediato ni abrumador. Puedes avanzar hacia tu decisión con pasos graduales, como:

• Reducir el contacto emocional o físico con la otra persona.

• Explorar actividades o relaciones que te ayuden a reconectar contigo mismo/a.

• Hablar con alguien de confianza sobre tus dudas y temores.

## 5 RECUERDA QUE EL CAMBIO ES PARTE DE LA VIDA

Nada en la vida permanece igual, y las relaciones no son la excepción. Aceptar la impermanencia como una realidad natural puede ayudarte a fluir con los cambios en lugar de resistirlos.

## LA TRANSICIÓN: DEL MIEDO A LA CONFIANZA

El miedo al cambio es inevitable, pero puedes transformarlo en confianza en ti mismo/a. Algunas prácticas que pueden ayudarte incluyen:

### 1 Cultivar la gratitud

○ Enfócate en lo que puedes ganar, no en lo que pierdes. Agradece las lecciones aprendidas y mira hacia adelante con esperanza.

### 2 Conectar con tus valores

○ Recuerda qué es lo que realmente importa para ti. ¿Tu bienestar, tu paz, tu crecimiento? Usar tus valores como guía te dará una brújula emocional.

### 3 Reconocer tu fortaleza

○ Reflexiona sobre los momentos en los que superaste desafíos en el pasado. Estas experiencias son evidencia de tu capacidad para enfrentar el cambio.

## UN NUEVO CAPÍTULO TE ESPERA

Superar el miedo al cambio no significa que no sentirás dolor o incertidumbre, pero sí te permitirá moverte hacia una vida más auténtica y alineada con tus necesidades. Al dejar ir, no solo te liberas de lo que te lastima, sino que también abres espacio para lo que realmente te hará feliz.

*"El cambio no es el final de algo, sino el comienzo de una versión más auténtica de ti mismo."*

## CÓMO AFRONTAR LA CULPA Y EL REMORDIMIENTO

*"Dejar ir no significa olvidar, sino aprender a recordar sin dolor."* – Unknown

Cuando decidimos terminar una relación tóxica, es común enfrentarnos a sentimientos de culpa y remordimiento. Estas emociones, aunque difíciles, son una respuesta natural al acto de soltar algo que en algún momento fue significativo. Aprender a manejarlas nos permite avanzar sin quedarnos atrapados en el pasado y construir una nueva etapa de nuestra vida con confianza y paz.

## ¿POR QUÉ SURGE LA CULPA AL DEJAR IR?

La culpa puede surgir de varias fuentes emocionales y psicológicas, incluyendo:

### 1 La percepción de responsabilidad

- Nos sentimos responsables por el bienestar de la otra persona, incluso si la relación nos está lastimando.

- Pensamientos como "¿Qué será de él/ella sin mí?" refuerzan este sentimiento.

### 2 La creencia de no haber hecho lo suficiente

- La idea de que deberíamos haber intentado más para salvar la relación puede generar dudas sobre nuestra decisión.

### 3 Presión externa

- Las expectativas sociales, culturales o familiares a menudo perpetúan la creencia de que terminar una relación es un fracaso.

### 4 Recuerdos positivos del pasado

- Recordar momentos felices puede hacernos cuestionar si estamos siendo justos al dejar ir.

## ¿QUÉ ES EL REMORDIMIENTO?

El remordimiento, por otro lado, se relaciona con la tristeza y la pérdida. Es la sensación de añorar lo que pudo haber sido o lamentar que la relación no haya cumplido las expectativas. Es una emoción que, aunque dolorosa, también puede ser un punto de reflexión y aprendizaje.

## CÓMO AFRONTAR LA CULPA Y EL REMORDIMIENTO

## 1 RECONOCE Y ACEPTA TUS EMOCIONES

El primer paso para superar la culpa y el remordimiento es aceptarlos como parte del proceso. En lugar de resistir estas emociones, permite que fluyan y reflexiona sobre lo que te están diciendo. Por ejemplo:

- **La culpa** puede indicar que valoras el bienestar de la otra persona, lo cual es un signo de empatía.

- **El remordimiento** puede ser una señal de que la relación significó algo importante para ti.

Aceptar estas emociones como naturales te ayudará a manejarlas con mayor compasión hacia ti mismo/a.

## 2 CUESTIONA TUS PENSAMIENTOS AUTOMÁTICOS

Los sentimientos de culpa y remordimiento a menudo se basan en creencias irracionales o exageradas. Hazte preguntas para desafiar estas ideas:

- ¿Es realmente mi responsabilidad que la relación no haya funcionado?
- ¿Hice todo lo que estaba en mi poder para intentar mejorar la situación?
- ¿Estoy idealizando el pasado y olvidando las razones por las que tomé esta decisión?

Reenfocar tus pensamientos te permitirá ver la situación con más objetividad.

## 3 RECUERDA LAS RAZONES DE TU DECISIÓN

Es fácil dudar de tu decisión cuando te invade la culpa. En estos momentos, haz un esfuerzo consciente por recordar por qué decidiste dejar ir. Puedes escribir una lista de las razones que llevaron a tu decisión, incluyendo:

- Los patrones tóxicos que identificaste.
- Cómo la relación afectaba tu bienestar emocional o físico.
- Las oportunidades de crecimiento que esperas encontrar al avanzar.

Esta práctica te ayudará a reafirmar tu elección cuando sientas inseguridad.

## 4 REFUERZA TU AUTOESTIMA

La culpa y el remordimiento pueden erosionar tu confianza en ti mismo/a. Para contrarrestarlo:

- **Reconoce tu valentía**: Dejar ir una relación tóxica requiere coraje. Celebra tu decisión como un acto de amor propio.
- **Enfócate en tus logros**: Reflexiona sobre las veces en que tomaste decisiones difíciles y cómo esas experiencias te fortalecieron.

## 5 BUSCA APOYO EMOCIONAL

Hablar con amigos, familiares o un terapeuta puede ayudarte a procesar tus emociones. Escuchar perspectivas externas te permitirá aliviar la carga emocional y sentirte acompañado/a en este proceso.

## 6 TRANSFORMA EL REMORDIMIENTO EN APRENDIZAJE

En lugar de ver el remordimiento como un obstáculo, úsalo como una oportunidad para reflexionar y crecer. Pregúntate:

• ¿Qué aprendí de esta relación?

• ¿Cómo puedo usar estas lecciones para construir relaciones más saludables en el futuro?

Este cambio de perspectiva te permitirá encontrar significado incluso en las experiencias dolorosas.

## 7 PERDÓNATE A TI MISMO/A

La autocompasión es clave para superar la culpa y el remordimiento. Reconoce que tomar esta decisión no te convierte en una mala persona, sino en alguien que prioriza su bienestar. Recuérdate que es posible dejar ir con amor y gratitud por los momentos compartidos, incluso si la relación ya no es sostenible.

## EL TIEMPO COMO ALIADO

Recuerda que la culpa y el remordimiento no desaparecen de la noche a la mañana. Estas emociones son parte del proceso de desapego, pero con el tiempo se vuelven menos intensas. Confía en que, al avanzar con intencionalidad y cuidado, encontrarás paz en tu decisión.

# 6. Estrategias Para El Desapego Emocional

## TÉCNICAS DE MINDFULNESS PARA GESTIONAR EL DESAPEGO

*"El arte de dejar ir comienza con aprender a estar presente."* – Thich Nhat Hanh

El desapego emocional puede ser un proceso desafiante, especialmente cuando nuestra mente está atrapada en recuerdos, pensamientos repetitivos o emociones intensas. Practicar el mindfulness (atención plena) es una herramienta poderosa para gestionar estos desafíos. Al entrenar nuestra mente para enfocarse en el presente, podemos romper patrones de apego y encontrar paz en medio de la incertidumbre.

### ¿QUÉ ES EL MINDFULNESS Y CÓMO AYUDA EN EL DESAPEGO?

El mindfulness es la práctica de prestar atención al momento presente con una actitud de aceptación y sin juicio. En el contexto del desapego emocional, el mindfulness nos ayuda a:

**1 Reconocer nuestras emociones** sin quedar atrapados en ellas.

**2 Reducir el estrés y la ansiedad** asociados con la separación.

**3 Interrumpir patrones de pensamiento repetitivo**, como la culpa o el remordimiento.

**4 Construir una relación más saludable con nosotros mismos**, basada en la autocompasión y la aceptación.

## PRINCIPALES TÉCNICAS DE MINDFULNESS PARA EL DESAPEGO

### 1 LA RESPIRACIÓN CONSCIENTE

La respiración consciente es una técnica básica pero poderosa para calmar la mente y conectarte con el momento presente.

- **Cómo practicarla**:

1 Encuentra un lugar tranquilo donde puedas sentarte cómodamente.

2 Cierra los ojos y enfoca tu atención en tu respiración.

3 Observa cómo el aire entra y sale de tu cuerpo, sin intentar cambiarlo.

4 Si tu mente se distrae, suavemente trae tu atención de vuelta a la respiración.

- **Beneficio**: Esta práctica reduce la ansiedad y te ayuda a anclarte en el presente cuando los pensamientos sobre la relación te abruman.

### 2 LA MEDITACIÓN DEL SOLTAR

Esta meditación está diseñada específicamente para practicar el desapego emocional.

- **Cómo practicarla**:

1 Siéntate en silencio y cierra los ojos.

2 Visualiza la relación o situación de la que necesitas desapegarte.

3 Imagina que sostienes este vínculo como un objeto en tus manos.

4 Con cada exhalación, imagina que sueltas este objeto y lo dejas ir, mientras repites mentalmente: *"Libero lo que ya no me sirve. Me abro a lo nuevo."*

- **Beneficio**: Te permite procesar el acto simbólico de soltar, reforzando tu intención de avanzar.

### 3 OBSERVACIÓN DE LOS PENSAMIENTOS

Los pensamientos repetitivos son uno de los mayores obstáculos en el desapego emocional. Practicar la observación de pensamientos te ayuda a tomar distancia de ellos.

- **Cómo practicarla**:

1 Siéntate en un lugar tranquilo y observa tus pensamientos como si fueran nubes que pasan por el cielo.

2 No intentes detenerlos ni controlarlos; simplemente obsérvalos.

3 Cada vez que surja un pensamiento sobre la relación, etiquétalo como "pensamiento" y deja que pase.

- **Beneficio**: Esta técnica reduce el poder de los pensamientos sobre ti, ayudándote a entender que no tienes que aferrarte a ellos.

## 4 LA MEDITACIÓN DE LA AUTOCOMPASIÓN

La autocompasión es esencial en el proceso de desapego, ya que ayuda a sanar la relación contigo mismo/a.

- **Cómo practicarla**:

1 Cierra los ojos y lleva tus manos al corazón.

2 Repite mentalmente frases como: *"Estoy aprendiendo a soltar con amor. Es normal sentir dolor, pero también merezco paz."*

3 Si surge algún sentimiento de culpa o tristeza, acéptalo sin juicio y envuélvelo con palabras de compasión.

- **Beneficio**: Te ayuda a lidiar con las emociones difíciles sin castigarte por sentirlas.

## 5 LA PRÁCTICA DEL AGRADECIMIENTO

El desapego no significa borrar los momentos positivos, sino aprender a recordarlos sin dolor. Practicar el agradecimiento puede ayudarte a cambiar tu perspectiva.

- **Cómo practicarla**:

1 Cada noche, antes de dormir, escribe tres cosas por las que estás agradecido/a relacionadas con la relación, por ejemplo: "Aprendí más sobre mí mismo/a", "Hubo momentos de felicidad", "Fue una oportunidad de crecimiento."

2 Luego escribe una cosa por la que estás agradecido/a en el presente, fuera de esa relación.

- **Beneficio**: Cambia tu enfoque de lo que has perdido a lo que has ganado, fomentando una sensación de cierre.

## CREAR UN RITUAL DIARIO DE MINDFULNESS

El mindfulness es más efectivo cuando se practica regularmente. Considera establecer un ritual diario que incorpore una o más de estas técnicas. Por ejemplo:

- **Por la mañana**: Realiza una breve meditación de respiración consciente para comenzar el día con claridad.

- **Durante el día**: Haz pausas para observar tus pensamientos o emociones cuando te sientas abrumado/a.

- **Por la noche**: Practica la meditación de soltar o escribe en tu diario de gratitud.

## EL CAMBIO INTERNO A TRAVÉS DEL MINDFULNESS

El mindfulness no elimina el dolor del desapego, pero transforma cómo lo experimentamos. En lugar de resistirlo o quedarnos atrapados en él, aprendemos a aceptarlo como parte de nuestro proceso de sanación. Al hacerlo, ganamos una nueva perspectiva y la fortaleza emocional para avanzar.

## REESCRIBIENDO LAS NARRATIVAS INTERNAS SOBRE LA RELACIÓN

*"La historia que te cuentas a ti mismo es la que define cómo avanzas."* – Unknown

Cuando enfrentamos el desapego emocional, una de las mayores barreras es la narrativa interna que hemos construido alrededor de la relación. Estas historias, formadas por recuerdos, creencias y emociones, a menudo nos mantienen atrapados en patrones de apego. Reescribir estas narrativas no significa negar lo que vivimos, sino reinterpretarlo de una manera que fomente la sanación y el crecimiento.

## ¿QUÉ SON LAS NARRATIVAS INTERNAS?

Las narrativas internas son las historias que nos contamos sobre nuestras experiencias y emociones. En el contexto de una relación, estas narrativas pueden incluir:

- **Creencias sobre la relación**: "Era mi única oportunidad de ser feliz."

- **Creencias sobre ti mismo/a**: "Fui demasiado débil para hacer que funcionara."

- **Interpretaciones del pasado**: "Si hubiera actuado diferente, todo habría sido mejor."

Estas historias dan sentido a nuestra experiencia, pero también pueden distorsionar la realidad, reforzar la culpa y perpetuar el apego.

## ¿POR QUÉ ES IMPORTANTE REESCRIBIRLAS?

Reescribir las narrativas internas es un paso crucial para el desapego porque:

**1 Rompe patrones limitantes**: Te libera de interpretaciones que te mantienen atrapado/a en el pasado.

**2 Fomenta la aceptación**: Te ayuda a ver la relación como una etapa de aprendizaje, no como un fracaso.

**3 Empodera tu futuro**: Cambiar la forma en que cuentas tu historia crea espacio para nuevas posibilidades.

## CÓMO IDENTIFICAR LAS NARRATIVAS INTERNAS LIMITANTES

Antes de reescribir tus narrativas, necesitas identificar las historias que te están frenando. Pregúntate:

**1 ¿Qué me estoy diciendo sobre la relación?**

- Ejemplo: "No puedo superarlo porque era el amor de mi vida."

**2 ¿Qué me estoy diciendo sobre mí mismo/a?**

- Ejemplo: "Nunca encontraré a alguien más porque no soy suficiente."

**3 ¿Qué creencias están reforzando estas narrativas?**

- Ejemplo: "El amor verdadero debería durar para siempre."

Estas preguntas te ayudarán a identificar los pensamientos y creencias que necesitas reestructurar.

## PASOS PARA REESCRIBIR TUS NARRATIVAS INTERNAS

## 1 CUESTIONA LA HISTORIA

Muchas de nuestras narrativas internas no se basan en hechos, sino en interpretaciones emocionales. Usa estas preguntas para desafiarlas:

- ¿Esta narrativa es completamente cierta? ¿Qué evidencia tengo?
- ¿Estoy ignorando aspectos positivos o negativos para ajustarme a esta historia?
- Si un amigo/a me contara esta historia, ¿qué le diría?

Ejemplo:

- Narrativa: "Nunca encontraré a alguien más porque no soy suficiente."
- Cuestionamiento: "¿Es cierto que no soy suficiente? ¿Qué evidencia tengo de lo contrario?"

## 2 REENMARCA LA EXPERIENCIA

El reencuadre consiste en reinterpretar tu experiencia desde una perspectiva más empoderadora. Hazlo de esta manera:

- **De negativo a positivo**: En lugar de enfocarte en lo que perdiste, reconoce lo que aprendiste.
- Ejemplo: "Esta relación me mostró lo que no quiero en el futuro."
- **De víctima a protagonista**: En lugar de verte como alguien que sufrió, mírate como alguien que está tomando el control.
- Ejemplo: "Elegí dejar esta relación porque merezco algo mejor."

## 3 ENFOCATE EN TU CRECIMIENTO

En lugar de quedarte atrapado/a en los "qué pasaría si", concéntrate en cómo esta experiencia te está transformando. Pregúntate:

- ¿Qué he aprendido sobre mí mismo/a gracias a esta relación?
- ¿Qué habilidades o fortalezas he desarrollado?
- ¿Cómo puedo usar estas lecciones para construir una vida más plena?

## 4 ESCRIBE UNA NUEVA NARRATIVA

Tomarte el tiempo para escribir tu historia desde una nueva perspectiva puede ser una herramienta poderosa. Incluye:

- **Un reconocimiento del pasado**: Acepta lo que fue, sin idealizar ni condenar.

- **Un enfoque en el presente**: Describe cómo estás trabajando en ti mismo/a ahora.

- **Una visión para el futuro**: Expresa tus intenciones de crecimiento y conexión.

Ejemplo:

- **Narrativa antigua**: "Fui un fracaso porque no pude salvar la relación."

- **Nueva narrativa**: "Esa relación me enseñó qué necesito en una pareja y qué límites debo establecer. Ahora estoy trabajando en construir una relación más saludable conmigo mismo/a."

## 5 REPITE TU NUEVA HISTORIA

La repetición ayuda a reforzar la nueva narrativa en tu mente. Puedes:

- Leer tu nueva historia en voz alta todos los días.

- Escribir afirmaciones basadas en tu nueva perspectiva, como: *"Soy digno/a de amor y estoy aprendiendo a soltar con gratitud."*

## EJEMPLO DE TRANSFORMACIÓN DE UNA NARRATIVA

- **Narrativa limitante**: "Me equivoqué al dejar esta relación; nunca encontraré algo igual."

- **Nueva narrativa**: "Dejar esta relación fue un acto de amor propio. Aunque fue difícil, ahora tengo la oportunidad de crear un vínculo que refleje mi verdadero valor."

## EL PODER DE REESCRIBIR TU HISTORIA

Reescribir tus narrativas internas no significa ignorar el dolor, sino reconocer que tienes el poder de interpretar tu experiencia de una manera que te impulse hacia adelante. Al hacerlo, transformas tu relación con el pasado y creas espacio para el crecimiento, la sanación y nuevas oportunidades.

*"Tu historia no termina en lo que dejaste atrás; comienza con lo que eliges construir a partir de ahora."*

# CÓMO IMPLEMENTAR CONTACTO MÍNIMO O CONTACTO CERO

*"A veces, la distancia física es el primer paso hacia la libertad emocional."* – Unknown

Uno de los desafíos más grandes al desapegarse de una relación tóxica es establecer límites claros, especialmente cuando el contacto frecuente refuerza patrones de dependencia emocional. Implementar contacto mínimo o contacto cero puede ser una estrategia efectiva para romper este ciclo y avanzar hacia la sanación.

## ¿QUÉ ES EL CONTACTO MÍNIMO Y EL CONTACTO CERO?

**1 Contacto mínimo**:

• Se refiere a limitar las interacciones al nivel más esencial, especialmente si no es posible cortar el contacto por completo (por ejemplo, cuando hay hijos en común, compromisos laborales o familiares).

• El objetivo es reducir las interacciones emocionales y crear espacio para la distancia emocional.

**2 Contacto cero**:

• Implica cortar completamente la comunicación y cualquier forma de interacción con la otra persona. Esto incluye no responder llamadas, mensajes, correos electrónicos o interacciones en redes sociales.

• Es ideal en relaciones donde el contacto perpetúa el abuso, la manipulación o el sufrimiento emocional.

Ambas estrategias crean una barrera que protege tu proceso de desapego, ayudándote a reconstruir tu independencia emocional.

## ¿CUÁNDO IMPLEMENTAR CONTACTO MÍNIMO O CERO?

Estas estrategias son útiles en situaciones como:

• Relaciones donde el contacto constante genera estrés, ansiedad o recaídas emocionales.

• Casos de manipulación emocional, como el gaslighting o el chantaje.

• Situaciones en las que es necesario poner límites claros para proteger tu bienestar mental y físico.

- Relaciones que han terminado, pero donde el contacto continuo dificulta avanzar.

## CÓMO IMPLEMENTAR CONTACTO MÍNIMO

### 1 DEFINE EL PROPÓSITO DEL CONTACTO

- Determina en qué circunstancias es realmente necesario interactuar (por ejemplo, asuntos legales, financieros o relacionados con hijos).

- Limita las conversaciones a estos temas, evitando discusiones emocionales o personales.

### 2 SE CLARO/A Y DIRECTO/A

- Comunica tus límites de manera asertiva. Ejemplo: "De ahora en adelante, prefiero que solo nos comuniquemos para temas relacionados con los niños."

### 3 USA CANALES DE COMUNICACIÓN ESPECÍFICOS

- Opta por medios que reduzcan la interacción emocional, como correos electrónicos en lugar de llamadas telefónicas o mensajes instantáneos.

### 4 EVITA REACCIONES EMOCIONALES

- Si la otra persona intenta manipularte o provocarte, mantén la calma y vuelve al tema relevante. No entres en discusiones o justificativos.

### 5 LIMITA LOS ENCUENTROS PRESENCIALES

- Si debes interactuar en persona, asegúrate de que sean reuniones cortas, en lugares públicos o con terceros presentes, si es necesario.

## CÓMO IMPLEMENTAR CONTACTO CERO

### 1 TOMA LA DECISIÓN Y COMPROMÉTETE

- Romper todo contacto requiere determinación. Recuérdate que esta decisión es por tu bienestar y no una reacción impulsiva.

### 2 BLOQUEA LOS CANALES DE COMUNICACIÓN

- Elimina o bloquea números de teléfono, correos electrónicos y redes sociales. Esto reduce la tentación de contactar a la otra persona o responder si intenta comunicarse.

### 3 EVITA LUGARES O SITUACIONES DONDE PUEDAS ENCONTRARTE CON LA OTRA PERSONA

- Si sabes que frecuentan los mismos espacios, considera cambiar tus rutinas para minimizar la posibilidad de encuentros.

## 4 RESISTE LA TENTACIÓN DE REANUDAR EL CONTACTO

- Es normal sentir nostalgia o curiosidad, pero recuerda que reabrir canales de comunicación puede prolongar tu proceso de desapego.

## 5 BUSCA APOYO SI LO NECESITAS

- Hablar con amigos, familiares o un terapeuta puede ayudarte a mantener tu decisión de contacto cero y manejar las emociones que surjan.

## OBSTÁCULOS COMUNES Y CÓMO SUPERARLOS

### 1 Culpa o empatía excesiva

- **Cómo manejarlo**: Recuerda que cortar el contacto no es un acto de crueldad, sino una forma de priorizar tu bienestar. No puedes sanar mientras sigas expuesto/a a dinámicas tóxicas.

### 2 Miedo a las repercusiones

- **Cómo manejarlo**: Si temes represalias, especialmente en casos de abuso, busca ayuda profesional o legal para garantizar tu seguridad.

### 3 Nostalgia o añoranza

- **Cómo manejarlo**: Escribe una lista de las razones por las que tomaste esta decisión. Léela cada vez que sientas el impulso de reanudar el contacto.

### 4 Presión social o familiar

- **Cómo manejarlo**: Sé claro/a con tu entorno sobre tus límites y las razones detrás de tu decisión. Pide su apoyo en lugar de su juicio.

## EL BENEFICIO DE CREAR DISTANCIA

Implementar contacto mínimo o cero puede parecer un acto radical, pero es una de las herramientas más efectivas para:

- Romper patrones de dependencia emocional.

- Reducir la ansiedad y el estrés relacionados con la relación.

- Crear espacio para sanar y reconectar contigo mismo/a.

- Permitir que ambas partes enfrenten sus propios procesos sin interferencia.

### La Fuerza de Dejar Ir

Recuerda: establecer distancia no significa que no amaste o valoraste la relación, sino que estás eligiendo priorizar tu bienestar y avanzar hacia una vida más saludable.

*"Romper el contacto no es el final de tu historia, sino el comienzo de una donde tú eres la prioridad."*

# 7. Cómo Afrontar La Soledad Y El Vacío

## ENTENDER LA SOLEDAD COMO UNA OPORTUNIDAD DE CRECIMIENTO

*"La soledad no es la ausencia de compañía, sino el momento en que estamos verdaderamente con nosotros mismos."* – Unknown

La soledad, especialmente después de dejar una relación tóxica, puede ser una experiencia abrumadora. Muchas veces la asociamos con el vacío, la pérdida o incluso el fracaso, pero este tiempo a solas también puede convertirse en una poderosa oportunidad para crecer, sanar y reconectar con nuestra verdadera esencia. Cambiar nuestra perspectiva sobre la soledad es clave para abrazarla como un espacio de transformación.

### ¿POR QUÉ TEMEMOS LA SOLEDAD?

El miedo a la soledad tiene raíces profundas, tanto emocionales como culturales. Algunas razones comunes incluyen:

**1 Asociación con la carencia**

• La sociedad a menudo nos enseña que estar solo es sinónimo de estar incompleto. Esto refuerza la creencia de que necesitamos de alguien más para ser felices.

**2 El hábito del apego**

- Cuando hemos estado inmersos en una relación tóxica, es probable que hayamos desarrollado dependencia emocional. El desapego puede sentirse como una pérdida de identidad.

### 3 El enfrentamiento con uno mismo

- Estar solo nos obliga a mirar hacia adentro y enfrentar emociones, recuerdos y pensamientos que quizás hemos evitado.

### 4 La presión social

- En muchos contextos, se valora más la conexión externa (parejas, amistades) que la relación con uno mismo, lo que genera ansiedad ante la idea de estar solo.

## RECONCEPTUALIZANDO LA SOLEDAD

Para transformar la soledad en una herramienta de crecimiento, es fundamental cambiar nuestra perspectiva. La soledad no es algo que nos sucede, sino un estado que podemos utilizar para:

### 1 RECONOCER NUESTRAS NECESIDADES AUTÉNTICAS

- El tiempo a solas nos da la oportunidad de identificar qué queremos, qué valoramos y qué necesitamos, fuera de las expectativas o demandas de los demás.

### 2 RECONSTRUIR NUESTRA IDENTIDAD

- Cuando salimos de una relación tóxica, nuestra identidad puede haber quedado diluida en la dinámica de la relación. La soledad nos permite reconectar con quiénes somos realmente.

### 3 FOMENTAR EL AUTOCUIDADO

- El tiempo a solas nos invita a priorizar nuestro bienestar físico, mental y emocional, algo que a menudo descuidamos en relaciones insalubres.

## PRÁCTICAS PARA APROVECHAR LA SOLEDAD COMO UN ESPACIO DE CRECIMIENTO

### 1 ABRAZA EL SILENCIO

- Muchas veces llenamos nuestros días de ruido para evitar la incomodidad del silencio. Sin embargo, este es el espacio donde surge la introspección.

- **Práctica**: Dedica unos minutos al día para sentarte en silencio. No intentes controlar tus pensamientos; simplemente observa lo que surge.

## 2 ESCRIBE SOBRE TU EXPERIENCIA

- La escritura es una herramienta poderosa para procesar emociones y dar sentido a lo que estamos viviendo.

- **Práctica**: Lleva un diario donde reflexiones sobre preguntas como:

- ¿Qué he aprendido de esta etapa?

- ¿Qué aspectos de mi vida quiero cambiar o mejorar?

- ¿Qué me hace sentir pleno/a?

## 3 CONECTA CON TU CUERPO

- La soledad también puede ser una oportunidad para cuidar de tu cuerpo, que probablemente haya sufrido las consecuencias del estrés emocional.

- **Práctica**: Integra actividades como yoga, caminatas al aire libre o ejercicios de respiración para liberar tensiones acumuladas.

## 4 DESARROLLA NUEVOS INTERESES

- La soledad es un excelente momento para explorar actividades que siempre quisiste probar, pero que quizás dejaste de lado.

- **Práctica**: Haz una lista de cosas que te interesan (cursos, hobbies, lecturas) y comprométete a explorar al menos una de ellas.

## 5 PRACTICA LA AUTOCOMPASIÓN

- Estar solo puede sacar a la superficie emociones como culpa o tristeza. En lugar de juzgarte por sentirte así, trátate con amabilidad.

- **Práctica**: Cada vez que surja un pensamiento crítico, respóndete con una frase compasiva como: *"Está bien sentir esto. Estoy haciendo lo mejor que puedo."*

## EL POTENCIAL TRANSFORMADOR DE LA SOLEDAD

La soledad no es un estado permanente ni algo que debamos temer. Es una pausa en el ruido externo que nos permite escuchar nuestra voz interior. Al aprender a estar cómodos con nosotros mismos, descubrimos que no necesitamos a otra persona para sentirnos completos. En cambio, podemos elegir futuras relaciones desde un lugar de plenitud, no de carencia.

*"La soledad, cuando se abraza con valentía, es el primer paso hacia la libertad emocional."*

## ACTIVIDADES Y HÁBITOS PARA LLENAR EL VACÍO EMOCIONAL

*"No llenes el vacío con más vacío; llénalo contigo mismo."* – Unknown

El vacío emocional que surge tras dejar una relación tóxica puede parecer abrumador. Este espacio, antes ocupado por la dinámica de la relación, se convierte en un recordatorio constante de la pérdida y el cambio. Sin embargo, este vacío no tiene que ser una ausencia dolorosa; puede transformarse en un lienzo en blanco donde construir nuevos hábitos, actividades y formas de conexión contigo mismo y con el mundo.

## ¿QUÉ ES EL VACÍO EMOCIONAL?

El vacío emocional es la sensación de pérdida o desconexión que surge cuando una parte importante de nuestra vida desaparece. En este caso, es el resultado de la ruptura de una relación que, aunque tóxica, era una fuente constante de interacción emocional.

- **Señales comunes del vacío emocional**:
- Sensación de aburrimiento o falta de propósito.
- Deseo de volver a patrones antiguos por comodidad.
- Dificultad para encontrar alegría en actividades cotidianas.

Este vacío puede ser incómodo, pero también es una oportunidad para redescubrir quién eres y qué te motiva.

## ACTIVIDADES PARA LLENAR EL VACÍO EMOCIONAL

## 1 EXPLORA NUEVAS PASIONES

- Una relación tóxica puede haberte alejado de actividades o intereses que antes disfrutabas. Este es el momento ideal para reconectar con esas pasiones o descubrir nuevas.
- **Práctica**: Haz una lista de actividades que siempre quisiste probar, como

pintura, escritura, jardinería o aprender un idioma. Elige una y comprométete a dedicarle tiempo regularmente.

## 2 DESCUBRE EL PODER DEL MOVIMIENTO

• La actividad física no solo mejora tu salud, sino que también libera endorfinas, que ayudan a combatir la tristeza y la ansiedad.

• **Práctica**: Intenta yoga, danza, natación o simplemente camina en un parque cercano. Encuentra algo que disfrutes y que te conecte con tu cuerpo.

## 3 CONECTA CON LA NATURALEZA

• Pasar tiempo en la naturaleza tiene un efecto calmante y restaurador en la mente y el cuerpo.

• **Práctica**: Dedica tiempo a actividades como caminatas, picnics o simplemente sentarte en un espacio al aire libre. Observa tu entorno y aprecia los pequeños detalles, como el sonido de las hojas o el canto de los pájaros.

## 4 VOLUNTARIADO O CONTRIBUCIÓN SOCIAL

• Ayudar a los demás puede llenar el vacío emocional con un sentido de propósito y conexión.

• **Práctica**: Busca oportunidades de voluntariado en tu comunidad. Puede ser en refugios de animales, bancos de alimentos o programas educativos. La sensación de aportar algo positivo te ayudará a enfocarte en el presente.

## 5 DESCUBRE EL PLACER DE LA SOLEDAD ACTIVA

• Dedicar tiempo a actividades en solitario puede ser gratificante y te enseña a disfrutar de tu propia compañía.

• **Práctica**: Ve al cine, sal a cenar solo/a o visita un museo. Estas experiencias refuerzan tu independencia y te permiten explorar lo que realmente disfrutas.

## HÁBITOS QUE PROMUEVEN EL BIENESTAR EMOCIONAL

## 1 ESTABLECE RUTINAS POSITIVAS

• Crear rutinas diarias te da estructura y estabilidad en momentos de cambio.

• **Práctica**: Diseña una rutina matutina que incluya ejercicios de respiración, una comida nutritiva y un momento para planificar tu día.

## 2 ESCRITURA REFLEXIVA

- Escribir sobre tus pensamientos y emociones puede ayudarte a procesar el vacío emocional y descubrir patrones internos.

- **Práctica**: Lleva un diario donde respondas preguntas como:
- ¿Qué he aprendido sobre mí mismo/a hoy?
- ¿Qué emociones estoy sintiendo y por qué?

## 3 PRACTICA LA GRATITUD

- En lugar de enfocarte en lo que falta, céntrate en lo que tienes.

- **Práctica**: Cada noche, escribe tres cosas por las que te sientes agradecido/a. Esto cambia tu enfoque hacia lo positivo.

## 4 MEDITACIÓN Y MINDFULNESS

- Estas prácticas te ayudan a estar presente y a reducir el estrés emocional.

- **Práctica**: Dedica 10 minutos al día a observar tu respiración o a repetir afirmaciones positivas como: *"Estoy completo/a tal como soy."*

## 5 CONECTA CON OTROS

- Aunque la soledad puede ser un tiempo valioso, conectar con personas que te apoyen también es esencial.

- **Práctica**: Recupera relaciones que hayas descuidado o únete a grupos que compartan tus intereses.

## CONSTRUYENDO UNA VIDA LLENA DE SIGNIFICADO

El vacío emocional no es un enemigo, sino una invitación a llenar tu vida con actividades y hábitos que reflejen quién eres realmente. Al explorar nuevas formas de conectar contigo mismo/a y con el mundo, descubrirás que puedes construir una vida más plena y satisfactoria, libre de las cadenas del pasado.

*"El vacío no es un lugar que temer, sino un espacio que llenar con la esencia de lo que eres."*

## EL PODER DE LA CONEXIÓN CONTIGO MISMO EN MOMENTOS DE SOLEDAD

*"La conexión más importante que jamás tendrás es la que construyes contigo mismo."* – Unknown

Después de salir de una relación tóxica, es común sentirse desconectado de uno mismo. A menudo, estas relaciones nos hacen priorizar las necesidades de los demás sobre las nuestras, dejándonos con un sentido de vacío e inseguridad. Sin embargo, la soledad puede convertirse en una oportunidad para reconstruir la relación más importante de todas: la que tienes contigo mismo. Este proceso no solo te ayudará a sanar, sino también a desarrollar una base sólida para futuras relaciones saludables.

## ¿POR QUÉ ES IMPORTANTE CONECTAR CONTIGO MISMO?

Reconectar contigo mismo te permite:

**1 Reafirmar tu identidad**: Redescubrir quién eres más allá de la relación que dejaste.

**2 Fortalecer tu autoestima**: Reconocer tu valor intrínseco, independientemente de las opiniones de los demás.

**3 Desarrollar independencia emocional**: Aprender a encontrar paz y satisfacción dentro de ti, en lugar de depender de fuentes externas.

## PASOS PARA CONECTAR CONTIGO MISMO

### 1 CREA UN ESPACIO PARA TI

- La conexión contigo mismo comienza por reservar tiempo y espacio donde puedas reflexionar y ser tú mismo/a, sin distracciones externas.

- **Práctica**: Dedica al menos 15-30 minutos diarios a estar solo/a, sin tecnología ni interrupciones, para reflexionar, meditar o simplemente disfrutar de tu compañía.

### 2 RECONOCE TUS EMOCIONES

- Permítete sentir todo lo que surge en momentos de soledad: tristeza, enojo, alivio o esperanza. Estas emociones son parte del proceso de sanación.

- **Práctica**: Usa un diario para escribir cómo te sientes. Esto te ayudará a identificar patrones emocionales y a darles sentido.

### 3 RECONSTRUYE TU DIÁLOGO INTERNO

- Muchas veces, después de una relación tóxica, nuestra voz interna está llena de críticas y dudas. Reconstruir ese diálogo es esencial para sanar.

- **Práctica**: Cada vez que surja un pensamiento negativo sobre ti mismo/a, reemplázalo con una afirmación positiva. Por ejemplo:

- Pensamiento negativo: "Nunca seré suficiente."

- Afirmación positiva: "Estoy en un proceso de crecimiento y soy suficiente tal como soy."

## 4 DESCUBRE TUS VALORES Y PASIONES

- Identificar lo que realmente importa para ti te ayuda a alinear tus acciones con tus valores y a construir una vida más auténtica.

- **Práctica**: Haz una lista de tus valores más importantes (por ejemplo: honestidad, creatividad, conexión) y piensa en actividades que reflejen esos valores.

## 5 PRACTICA EL AUTOCUIDADO

- Cuidar de ti mismo/a es una forma tangible de reforzar tu conexión interna. Esto incluye atender tus necesidades físicas, emocionales y mentales.

- **Práctica**: Dedica tiempo a actividades que te nutran, como preparar una comida saludable, practicar ejercicio o disfrutar de un baño relajante.

## CONECTAR CON TU NIÑO INTERIOR

La conexión contigo mismo también implica reconectar con tu niño/a interior: esa parte de ti que busca amor, validación y alegría genuina.

- **Práctica**: Busca una foto de tu infancia y reflexiona sobre quién eras en ese momento. Pregúntate:

- ¿Qué cosas me hacían feliz entonces?

- ¿Qué promesas puedo hacerle a esa versión de mí para cuidarme mejor ahora?

Hablarte con compasión, como lo harías con un niño/a, puede ayudarte a sanar heridas emocionales profundas.

## LA IMPORTANCIA DE LA SOLITUD ACTIVA

La soledad no siempre implica introspección profunda; también puede ser un espacio para reconectar con el mundo desde un lugar de autonomía y autenticidad.

**1 Cultiva tu creatividad**: Experimenta con actividades artísticas, como pintar, escribir o tocar un instrumento, que te permitan expresarte sin restricciones.

**2 Busca momentos de asombro**: Explora la naturaleza, observa un amanecer o simplemente contempla el cielo. Estos momentos te recuerdan que formas parte de algo más grande.

**3 Celebra tus logros**: Reconoce cada paso que das hacia tu bienestar, por pequeño que parezca.

## LA TRANSFORMACIÓN DE LA SOLEDAD

Conectar contigo mismo en momentos de soledad no solo te ayuda a sanar, sino que también te da herramientas para construir una vida más plena. A medida que fortaleces esta relación interna, te das cuenta de que no necesitas llenar ese vacío con algo externo; ya tienes todo lo que necesitas dentro de ti.

*"Al aprender a estar contigo mismo, descubres que la soledad no es el fin, sino el comienzo de una relación más auténtica contigo y con el mundo."*

# 8. Sanando Tus Emociones

## CÓMO PROCESAR EL DOLOR EMOCIONAL SIN REPRIMIRLO

*"El dolor que no se procesa se convierte en una carga que llevamos a lo largo de la vida."* – Unknown

Dejar atrás una relación tóxica inevitablemente deja una marca emocional. El dolor que sentimos no solo proviene de la pérdida de la relación, sino también de las expectativas no cumplidas, los recuerdos dolorosos y, a menudo, de las heridas emocionales acumuladas. Procesar este dolor de manera consciente es esencial para evitar que se convierta en una carga permanente o en un obstáculo para avanzar.

### ¿POR QUÉ TENDENCIAMOS A REPRIMIR EL DOLOR?

El dolor emocional puede ser tan intenso que muchas veces intentamos evitarlo o reprimirlo como una forma de protección. Algunas razones comunes incluyen:

**1 Miedo a la vulnerabilidad**:

- Sentir el dolor puede hacernos sentir débiles o fuera de control.

**2 Presión social para "seguir adelante"**:

- La sociedad a menudo nos impulsa a aparentar fortaleza y no mostrar emociones intensas.

**3 Estrategias de afrontamiento disfuncionales**:

- Usamos distracciones como el trabajo excesivo, el entretenimiento o nuevas relaciones para evitar enfrentar nuestras emociones.

Sin embargo, reprimir el dolor no lo elimina; simplemente lo entierra más profundamente, donde puede manifestarse como ansiedad, depresión o patrones destructivos en el futuro.

## PASOS PARA PROCESAR EL DOLOR EMOCIONAL

## 1 RECONOCE Y ACEPTA TU DOLOR

- El primer paso para procesar el dolor es reconocer su presencia sin juicio. El dolor no es un enemigo, sino una señal de que algo necesita ser atendido.

- **Práctica**:

- Dedica un momento a sentarte en un lugar tranquilo y pregúntate: *"¿Qué estoy sintiendo en este momento?"*.

- Nombra tus emociones: tristeza, enojo, miedo, confusión. Esto ayuda a validar lo que estás experimentando.

## 2 EXPRÉSALO DE FORMA SALUDABLE

- Reprimir las emociones puede llevar a acumulaciones dañinas, mientras que expresarlas permite liberarlas.

- **Prácticas**:

- Escribe en un diario sobre lo que estás sintiendo, sin censurarte.

- Habla con alguien de confianza o un terapeuta que pueda ofrecerte apoyo.

- Usa actividades creativas, como pintar o tocar música, para canalizar tus emociones.

## 3 DA ESPACIO A LAS LÁGRIMAS

- Llorar es una de las formas más naturales de liberar dolor emocional. Permítete llorar sin vergüenza; es un acto de sanación, no de debilidad.

- **Práctica**: Si te cuesta llorar, escucha música que evoque tus emociones o reflexiona sobre momentos específicos que necesites procesar.

## 4 EVITA JUZGAR TUS EMOCIONES

• Es común sentirse culpable por experimentar ciertas emociones, como enojo o tristeza profunda. Recuerda que todas las emociones son válidas y forman parte del proceso de sanación.

• **Práctica**: Cuando surja una emoción intensa, repite mentalmente: *"Es normal sentir esto. Estoy sanando."*

## HERRAMIENTAS PARA PROFUNDIZAR EN EL PROCESO

## 1 MEDITACIÓN DEL ESCANEO CORPORAL

• El cuerpo a menudo guarda el dolor emocional como tensión física. Esta práctica ayuda a identificar y liberar esas tensiones.

• **Cómo practicarlo**:

1 Siéntate o recuéstate en un lugar cómodo.

2 Cierra los ojos y lleva tu atención a diferentes partes de tu cuerpo, desde los pies hasta la cabeza.

3 Observa si sientes tensión o incomodidad en alguna área. Respira profundamente y visualiza cómo esa tensión se disuelve.

## 2 CARTA DE LIBERACIÓN

• Escribir una carta a la relación, a la otra persona o incluso a ti mismo/a puede ser un ejercicio profundamente terapéutico.

• **Práctica**:

• Escribe todo lo que sientes, sin preocuparte por la gramática o el estilo. Sé honesto/a sobre tus emociones y experiencias.

• Al terminar, decide qué hacer con la carta: puedes guardarla como un recordatorio de tu progreso o quemarla como un acto simbólico de soltar.

## 3 TERAPIA O GRUPOS DE APOYO

• Procesar el dolor emocional puede ser abrumador por tu cuenta. Un terapeuta o un grupo de apoyo puede ofrecerte un espacio seguro para explorar tus emociones y aprender estrategias efectivas.

## EL PODER DE PERMANECER EN EL MOMENTO PRESENTE

Muchas veces, el dolor emocional se intensifica porque nos quedamos atrapados en el pasado o nos preocupamos por el futuro. Practicar mindfulness te ayuda a estar presente con tus emociones sin que te dominen.

- **Práctica**: Cuando sientas una oleada de dolor, enfócate en tu respiración. Inhala profundamente contando hasta cuatro, retén el aire por dos segundos y exhala contando hasta seis. Este ejercicio te ayuda a calmar tu mente y centrarte en el ahora.

## CUIDADO EN EL CAMINO

Procesar el dolor no es un proceso lineal. Habrá días en los que sentirás progreso y otros en los que las emociones regresarán con fuerza. Recuerda que sanar no significa borrar el dolor, sino aprender a vivir con él de manera que no controle tu vida.

*"El dolor no es un castigo; es una señal de que estás avanzando hacia la liberación y la paz interior."*

## EL PERDÓN COMO HERRAMIENTA PARA SANAR, HACIA LOS DEMÁS Y HACIA TI MISMO

*"El perdón no cambia el pasado, pero sí libera el futuro."* – Unknown

El perdón es uno de los pasos más desafiantes, pero también más transformadores, en el proceso de sanación emocional. A menudo, el dolor que sentimos tras una relación tóxica no solo proviene de lo que vivimos con la otra persona, sino también de la culpa o el reproche que dirigimos hacia nosotros mismos. Aprender a perdonar, tanto a los demás como a nosotros mismos, es clave para dejar atrás el resentimiento y avanzar hacia una vida más plena.

### ¿QUÉ ES EL PERDÓN?

El perdón no es justificar el daño recibido ni olvidar lo sucedido. Tampoco significa reconciliarse con quien te hizo daño, si eso no es saludable para ti. El perdón es un acto interno de liberación que te permite soltar el peso del rencor, la culpa o la vergüenza.

- **Perdonar a los demás**: Es reconocer que no puedes cambiar lo que pasó, pero sí puedes elegir no seguir cargando con el dolor que dejó.

- **Perdonarte a ti mismo/a**: Es aceptar que cometiste errores o que no actuaste como esperabas, pero sin castigarte indefinidamente por ello.

## ¿POR QUÉ ES IMPORTANTE PERDONAR?
### 1 LIBERA TU ENERGÍA EMOCIONAL

• El resentimiento consume energía mental y emocional, dejando menos espacio para el crecimiento y la felicidad.

### 2 REDUCE EL PODER DEL PASADO

• Perdonar te permite vivir en el presente, en lugar de quedar atrapado/a en las heridas del pasado.

### 3 FOMENTA EL BIENESTAR FÍSICO Y MENTAL

• Estudios han demostrado que el perdón reduce el estrés, mejora la salud cardiovascular y fortalece el sistema inmunológico.

### 4 TE PERMITE RECONSTRUIR TU RELACIÓN CONTIGO MISMO/A

• Perdonarte por tus elecciones o tus reacciones te ayuda a recuperar la confianza en ti mismo/a.

## CÓMO PERDONAR A LOS DEMÁS
### 1 RECONOCE EL DOLOR

• Antes de perdonar, necesitas validar tus sentimientos. No ignores el daño; acepta cómo te afectó.

• **Práctica**: Escribe en un diario sobre lo que sientes hacia la persona y cómo sus acciones impactaron tu vida.

### 2 SEPARA A LA PERSONA DE SUS ACCIONES

• Reconoce que las acciones de la otra persona no definen su valor como ser humano. Muchas veces, las personas actúan desde su propio dolor o limitaciones.

• **Práctica**: Reflexiona sobre posibles razones detrás de las acciones de la otra persona, sin justificar su comportamiento.

### 3 DEJA IR LA NECESIDAD DE JUSTICIA

• El perdón no significa que el daño estuvo bien, pero implica soltar la necesidad de que la otra persona repare lo sucedido.

- **Práctica**: Repite afirmaciones como: *"Elijo soltar este rencor para recuperar mi paz interior."*

## 4 HAZ UN RITUAL SIMBÓLICO

- A veces, un acto físico puede ayudarte a liberar el dolor emocional.

- **Práctica**: Escribe una carta a la persona explicando cómo te lastimó y qué sientes, pero no la envíes. Quémala o destrúyela como símbolo de liberación.

## CÓMO PERDONARTE A TI MISMO/A

## 1 ACEPTA TU HUMANIDAD

- Todos cometemos errores. Perdonarte es un acto de compasión hacia tu yo pasado, que hizo lo mejor que pudo con la información y recursos que tenía en ese momento.

- **Práctica**: Repite mentalmente: *"Me permito aprender de mis errores en lugar de castigarme por ellos."*

## 2 IDENTIFICA TUS EXPECTATIVAS NO REALISTAS

- A menudo, la culpa surge de expectativas poco realistas sobre lo que deberíamos haber hecho.

- **Práctica**: Reflexiona sobre estas preguntas:

- ¿Estoy siendo demasiado duro/a conmigo mismo/a?

- ¿Cómo trataría a un amigo que estuviera en mi lugar?

## 3 APRENDE DE LA EXPERIENCIA

- Perdonarte no significa ignorar tus errores, sino aprender de ellos para no repetirlos.

- **Práctica**: Escribe las lecciones que has aprendido de la relación y cómo planeas aplicarlas en el futuro.

## 4 PRACTICA EL AUTOCUIDADO

- Perdonarte también implica cuidar de ti mismo/a como lo harías con alguien que amas.

- **Práctica**: Dedica tiempo a actividades que te hagan sentir bien, como meditar, caminar en la naturaleza o leer un libro que te inspire.

## OBSTÁCULOS COMUNES AL PERDÓN Y CÓMO SUPERARLOS

### 1 CREENCIA DE QUE EL PERDÓN ES DEBILIDAD

- **Cómo manejarlo**: Reconoce que el perdón no es para la otra persona; es un regalo que te das a ti mismo/a.

### 2 MIEDO A OLVIDAR LO QUE PASÓ

- **Cómo manejarlo**: Entiende que perdonar no significa ignorar o minimizar el daño. Es recordar con paz en lugar de resentimiento.

### 3 AFERRARSE AL DOLOR COMO IDENTIDAD

- **Cómo manejarlo**: Pregúntate: "¿Quién quiero ser sin este dolor?" y enfócate en la vida que deseas construir.

### EL CAMBIO INTERNO QUE TRAE EL PERDÓN

Cuando perdonas, no solo liberas el dolor del pasado, sino que también te abres a nuevas posibilidades. El perdón es una herramienta poderosa que transforma heridas en lecciones, culpa en aceptación y resentimiento en libertad.

*"El perdón no es un regalo que das a otros; es el acto de liberarte para vivir con ligereza y plenitud."*

## PRÁCTICAS DE AUTOCUIDADO PARA RECUPERAR EL EQUILIBRIO EMOCIONAL

*"Cuidarte no es un lujo; es una necesidad para reconstruirte desde adentro."* – Unknown

El proceso de sanar tras una relación tóxica puede ser agotador emocional y físicamente. En este camino, el autocuidado se convierte en una herramienta esencial para restaurar el equilibrio emocional, recuperar tu energía y reconectar contigo mismo/a. Implementar prácticas diarias que fomenten tu bienestar te ayudará a fortalecer tu resiliencia y a avanzar hacia una vida más plena.

### ¿QUÉ ES EL AUTOCUIDADO Y POR QUÉ ES IMPORTANTE?

El autocuidado es el acto consciente de atender tus necesidades físicas, emocionales y mentales. No se trata solo de descansar o consentirte, sino de crear un espacio donde priorices tu bienestar de manera intencional. Después de una relación tóxica, el autocuidado:

**1 Repara los efectos del estrés emocional.**

**2 Reconstruye tu autoestima y autoconfianza.**

**3 Fortalece tu capacidad para gestionar emociones difíciles.**

**4 Te ayuda a redescubrir lo que realmente necesitas para ser feliz.**

## PRÁCTICAS DE AUTOCUIDADO PARA EL BIENESTAR EMOCIONAL

### 1 CREA RITUALES DIARIOS DE BIENESTAR

- Los rituales proporcionan estabilidad y estructura, especialmente en momentos de cambio.

- **Práctica**:

- Comienza cada mañana con una rutina que te prepare emocionalmente para el día: meditación, escritura reflexiva o un momento de silencio para planificar tu día.

- Cierra el día con un ritual relajante como leer, tomar un baño o practicar gratitud.

### 2 PRACTICA EL MINDFULNESS

- La atención plena te ayuda a estar presente, reduciendo el estrés y la rumiación sobre el pasado.

- **Práctica**:

- Dedica 10 minutos al día a una meditación guiada o simplemente enfoca tu atención en tu respiración.

- Observa tus pensamientos y emociones sin juzgarlos; solo déjalos pasar.

### 3 RODÉATE DE INSPIRACIÓN POSITIVA

- Llena tu entorno de cosas que te eleven emocionalmente y te recuerden tu propósito.

- **Práctica**:

• Lee libros inspiradores, escucha música que te motive o sigue a personas en redes sociales que compartan mensajes positivos.

## PRÁCTICAS DE AUTOCUIDADO PARA EL BIENESTAR FÍSICO

## 1 MOVIMIENTO Y EJERCICIO

• La actividad física no solo mejora tu salud, sino que también libera endorfinas que contribuyen a tu bienestar emocional.

• **Práctica**:

• Encuentra una actividad que disfrutes: yoga, baile, caminatas al aire libre o cualquier ejercicio que te haga sentir bien.

## 2 ALIMENTACIÓN CONSCIENTE

• Lo que comes afecta directamente tu energía y estado de ánimo. Nutrir tu cuerpo es una forma de mostrarte cuidado y respeto.

• **Práctica**:

• Prioriza alimentos frescos, ricos en nutrientes, y evita el consumo excesivo de azúcares o alimentos procesados.

• Dedica tiempo a preparar tus comidas de manera consciente y disfrútalas sin distracciones.

## 3 DESCANSO Y SUEÑO REPARADOR

• Dormir bien es esencial para tu recuperación emocional y física.

• **Práctica**:

• Establece horarios regulares para dormir.

• Crea un ambiente relajante en tu habitación, libre de dispositivos electrónicos.

## PRÁCTICAS DE AUTOCUIDADO PARA EL BIENESTAR SOCIAL

## 1 CONEXIONES SIGNIFICATIVAS

• Reconstruir relaciones saludables es parte del proceso de sanación.

• **Práctica**:

- Dedica tiempo a amigos y familiares que te apoyen y te hagan sentir valorado/a.
- Considera unirte a grupos o comunidades que compartan tus intereses.

## 2 ESTABLECER LÍMITES

- Aprender a decir "no" es una forma poderosa de proteger tu bienestar emocional.

- **Práctica**:

- Reflexiona sobre las personas o situaciones que drenan tu energía y establece límites claros para mantener tu espacio personal.

## PRÁCTICAS DE AUTOCUIDADO PARA EL BIENESTAR MENTAL

## 1 APRENDIZAJE Y CRECIMIENTO

- Dedicar tiempo a aprender algo nuevo te ayuda a enfocarte en el futuro y a desarrollar confianza en ti mismo/a.

- **Práctica**:

- Inscríbete en un curso, lee sobre un tema que te interese o explora un nuevo pasatiempo.

## 2 REFLEXIÓN PERSONAL

- La introspección te ayuda a comprender tus emociones y a identificar patrones que necesitas cambiar.

- **Práctica**:

- Lleva un diario donde reflexiones sobre tus pensamientos, aprendizajes y objetivos.

## 3 TERAPIA O COACHING

- Buscar ayuda profesional puede proporcionarte herramientas para gestionar emociones complejas y avanzar con mayor claridad.

- **Práctica**:

- Considera trabajar con un terapeuta o un coach que te guíe en tu proceso de sanación.

## EL PODER DEL AUTOCUIDADO CONSISTENTE

El autocuidado no es un evento puntual, sino un hábito que requiere compromiso y consistencia. Al integrar estas prácticas en tu vida diaria, no solo sanarás del impacto de la relación tóxica, sino que también construirás una base más sólida para enfrentar desafíos futuros y cultivar una vida más equilibrada y significativa.

*"Cuidarte no es egoísmo; es el acto más generoso que puedes hacer por ti mismo y por los demás."*

# 9. Construyendo Nuevos Límites

## QUÉ SON LOS LÍMITES Y POR QUÉ SON ESENCIALES

*"Los límites no son muros para alejar a otros, sino puentes para conectar desde el respeto y la autenticidad."* – Unknown

Los límites son líneas imaginarias que definen dónde terminan nuestras responsabilidades y comienzan las de los demás. Establecer límites claros es esencial para proteger nuestro bienestar emocional, mental y físico, especialmente después de haber salido de una relación tóxica. Aprender a reconocer, comunicar y mantener estos límites nos permite construir relaciones más saludables y mantener una conexión más sólida con nosotros mismos.

### ¿QUÉ SON LOS LÍMITES?

Los límites son reglas o pautas personales que determinan cómo permitimos que otros se relacionen con nosotros y cómo nos relacionamos con el mundo. Existen diferentes tipos de límites:

**1 Físicos**: Relacionados con el espacio personal y el contacto físico.

- Ejemplo: "Prefiero no abrazar a personas que no conozco bien."

**2 Emocionales**: Protegen tus sentimientos y valores personales.

- Ejemplo: "No estoy disponible para conversaciones que me hagan sentir juzgado/a."

**3 Mentales**: Establecen cómo manejas tus pensamientos y opiniones.

- Ejemplo: "Respeto tus ideas, pero no estoy de acuerdo con ellas."

**4 Espirituales**: Relacionados con tus creencias y prácticas personales.

- Ejemplo: "Este espacio es para mi práctica personal; por favor respétalo."

**5 Energéticos**: Proveen un equilibrio entre lo que das y lo que recibes.

- Ejemplo: "Hoy necesito tiempo para recargarme antes de socializar."

## POR QUÉ LOS LÍMITES SON ESENCIALES

## 1 PROTEGEN TU BIENESTAR

- Establecer límites te ayuda a evitar el agotamiento emocional y mental, protegiéndote de dinámicas que te drenan.

## 2 FORTALECEN TU AUTOESTIMA

- Decir "no" a lo que no es saludable para ti es un acto de amor propio. Refuerza la idea de que tus necesidades son importantes.

## 3 PROMUEVEN RELACIONES SALUDABLES

- Los límites claros establecen un marco de respeto mutuo en las relaciones, evitando malentendidos y resentimientos.

## 4 TE DAN CONTROL SOBRE TU VIDA

- Definir lo que aceptas y lo que no aceptas te permite tomar decisiones más conscientes y alineadas con tus valores.

## SEÑALES DE QUE NECESITAS ESTABLECER LÍMITES

Es posible que necesites límites más claros si:

- Te sientes constantemente agotado/a o abrumado/a por las demandas de los demás.

- Te cuesta decir "no" y terminas comprometiéndote más de lo que puedes manejar.

- Experimentas resentimiento hacia personas que parecen aprovecharse de tu tiempo o energía.

- Sientes que no tienes control sobre tus propias decisiones.
- Te cuesta priorizar tus necesidades sobre las de los demás.

## MITOS SOBRE LOS LÍMITES

Establecer límites a menudo se malinterpreta como algo egoísta o frío. Es importante desmentir estos mitos:

### 1 "Los límites lastiman a los demás"

- Realidad: Los límites no tienen que ser ofensivos; son una forma de comunicar tus necesidades de manera respetuosa.

### 2 "Si pongo límites, perderé a las personas que amo"

- Realidad: Las personas que realmente valoran tu bienestar respetarán tus límites. Las que no lo hagan quizás no sean adecuadas para tu vida.

### 3 "Establecer límites significa que soy débil"

- Realidad: Los límites son una muestra de fortaleza y autoconsciencia.

## LOS BENEFICIOS DE LOS LÍMITES SALUDABLES

Cuando estableces límites claros y respetuosos, puedes experimentar:

**1 Mayor paz interior**: Sientes que tienes el control de tus decisiones y de tus relaciones.

**2 Relaciones más auténticas**: Las personas en tu vida entienden y respetan tus necesidades, fomentando vínculos más profundos y genuinos.

**3 Mayor energía y enfoque**: Al evitar compromisos excesivos, puedes dedicar tiempo y recursos a lo que realmente importa.

**4 Autonomía emocional**: Te liberas de la necesidad de complacer a los demás a expensas de tu propio bienestar.

## UN PRIMER PASO HACIA LOS LÍMITES

El primer paso para establecer límites saludables es reflexionar sobre tus propias necesidades y valores. Pregúntate:

- ¿Qué situaciones o comportamientos me hacen sentir incómodo/a o desrespetado/a?
- ¿Qué aspectos de mi vida necesito proteger para sentirme equilibrado/a?

- ¿Qué quiero comunicar a los demás sobre mis necesidades?

Recuerda que los límites no son rígidos; pueden evolucionar a medida que creces y cambian tus circunstancias.

*"Establecer límites no significa rechazar a los demás; significa elegirte a ti mismo."*

## CÓMO COMUNICAR TUS LÍMITES DE MANERA ASERTIVA

*"Hablar desde la claridad no solo protege tus límites, sino que también construye puentes de respeto."* – Unknown

Establecer límites es solo el primer paso; el siguiente es comunicarlos de manera clara y asertiva. Este proceso puede generar ansiedad, especialmente si temes ser juzgado/a, rechazado/a o incomprendido/a. Sin embargo, expresar tus límites de forma respetuosa no solo fortalece tus relaciones, sino que también demuestra tu compromiso con tu bienestar.

### ¿QUÉ SIGNIFICA COMUNICAR DE MANERA ASERTIVA?

La comunicación asertiva es el equilibrio entre expresar tus necesidades y respetar las de los demás. Es diferente de:

- **La comunicación pasiva**: Evitar expresar tus límites por miedo a molestar o generar conflicto.
- **La comunicación agresiva**: Imponer tus límites sin considerar los sentimientos o necesidades de los demás.

La asertividad implica decir lo que piensas y sientes con claridad, sin culpa y sin agresión.

### PASOS PARA COMUNICAR TUS LÍMITES

### 1 CLARIFICA TUS NECESIDADES

- Antes de comunicar un límite, asegúrate de entenderlo completamente. Reflexiona sobre por qué es importante para ti y cómo beneficiará tu bienestar.
- **Práctica**:
- Haz una lista de tus límites personales en áreas como el tiempo, la energía y el espacio emocional.

• Ejemplo: *"Necesito tiempo para mí después del trabajo antes de atender llamadas sociales."*

## 2 ELIGE EL MOMENTO Y EL LUGAR ADECUADO

• Comunicar límites en medio de un conflicto o en público puede dificultar que la otra persona los reciba de manera positiva.

• **Práctica**:

• Busca un entorno tranquilo y un momento en el que ambas partes estén relajadas.

• Ejemplo: *"Quiero hablar contigo sobre algo importante. ¿Podemos tener esta conversación después de la cena?"*

## 3 USA UN LENGUAJE CLARO Y DIRECTO

• Sé específico/a sobre lo que necesitas y evita mensajes ambiguos.

• **Práctica**:

• Usa la fórmula: *"Yo siento [emoción] cuando [situación], y necesito [límite]."*

• Ejemplo: *"Me siento agotado/a cuando recibo mensajes tarde en la noche. Necesito que nos comuniquemos en horarios laborales."*

## 4 MANTÉN UN TONO RESPETUOSO

• El tono con el que comunicas tus límites es tan importante como las palabras que usas. Un tono calmado y empático fomenta una conversación abierta.

• **Práctica**:

• Evita acusaciones o críticas. En lugar de: *"Siempre invades mi espacio,"* di: *"Necesito más tiempo a solas para recargarme."*

## 5 ESTÉ DISPUESTO/A A ESCUCHAR

• Comunicar límites no es un monólogo. Da espacio a la otra persona para responder o expresar su perspectiva.

• **Práctica**:

• Di algo como: *"Me gustaría saber cómo te hace sentir esto."*

## EJEMPLOS DE CÓMO COMUNICAR LÍMITES

### 1 En el trabajo:

- Situación: Te piden trabajar horas extras constantemente.

- Comunicación: *"Entiendo que hay muchas tareas pendientes, pero necesito respetar mi horario laboral para cuidar mi salud. Estoy disponible hasta las 6 p.m."*

## 2 En una relación de pareja:

- Situación: Tu pareja revisa tu teléfono sin permiso.

- Comunicación: *"Me siento incómodo/a cuando revisas mi teléfono sin preguntarme. Necesito que respetemos la privacidad mutua."*

## 3 Con amistades o familia:

- Situación: Un familiar espera que siempre estés disponible para ayudar.

- Comunicación: *"Me encanta apoyarte, pero necesito priorizar mis responsabilidades personales. Puedo ayudarte con esto el próximo fin de semana."*

## GESTIONANDO LAS REACCIONES ANTE TUS LÍMITES

Es posible que las personas no siempre reaccionen positivamente a tus límites, especialmente si no están acostumbradas a que los establezcas. Aquí hay estrategias para manejar estas situaciones:

## 1 RESPONDE CON FIRMEZA

- Si alguien intenta ignorar o minimizar tu límite, reafírmalo con calma.

- **Práctica**: *"Entiendo tu punto de vista, pero este límite es importante para mí."*

## 2 EVITA JUSTIFICARTE EN EXCESO

- No necesitas convencer a los demás de que tus límites son válidos. Lo son simplemente porque son tuyos.

- **Práctica**: Si alguien insiste en discutir, di: *"No voy a debatir esto. Es una decisión que he tomado por mi bienestar."*

## 3 PREPÁRATE PARA LA RESISTENCIA

- Algunas personas pueden reaccionar con frustración o culpa, pero esto no significa que estés haciendo algo mal.

- **Práctica**: Recuerda que establecer límites puede ser incómodo al principio, pero a largo plazo fortalecerá tus relaciones y tu bienestar.

## CONECTA DESDE EL RESPETO MUTUO

Establecer límites no se trata de imponer reglas, sino de construir relaciones más auténticas y equilibradas. Cuando comunicas tus límites de manera asertiva, también invitas a los demás a hacer lo mismo, fomentando un entorno de respeto y comprensión mutuos.

*"Tus límites no solo protegen tu espacio, sino que también enseñan a los demás cómo amarte mejor."*

## MANTENER TUS LÍMITES FRENTE A RESISTENCIA EXTERNA O INTERNA

*"Mantener un límite no siempre es fácil, pero cada vez que lo haces, refuerzas tu compromiso contigo mismo."* – Unknown

Establecer límites es un acto poderoso, pero mantenerlos puede ser aún más desafiante. Las personas a tu alrededor podrían resistirse a estos nuevos límites, especialmente si no estaban acostumbradas a ellos. Además, es común experimentar una lucha interna, como culpa o inseguridad, que puede hacer que quieras retroceder. Sin embargo, mantener tus límites es crucial para proteger tu bienestar y reafirmar tu valía personal.

### ¿POR QUÉ HAY RESISTENCIA A LOS LÍMITES?

### 1 RESISTENCIA EXTERNA

- **Desconocimiento**: Las personas no están acostumbradas a que establezcas límites claros y pueden interpretarlo como un cambio inesperado.

- **Patrones establecidos**: Si alguien se benefició de tu falta de límites, puede resistirse porque pierde el control o las ventajas que tenía.

- **Malentendidos**: Algunas personas podrían interpretar tus límites como rechazo personal.

### 2 RESISTENCIA INTERNA

- **Culpa**: Puedes sentir que establecer límites es egoísta o que estás dañando tus relaciones.

- **Inseguridad**: Temes que al mantener tus límites, pierdas conexiones importantes.

- **Dudas**: Puede surgir la pregunta: *"¿Estoy siendo demasiado exigente?"*

## ESTRATEGIAS PARA MANTENER TUS LÍMITES FRENTE A RESISTENCIA EXTERNA

### 1 SE FIRME Y CONSISTENTE

• Mantener tus límites requiere claridad y consistencia. Si cedes ante la resistencia, enviarás señales confusas que podrían debilitar tus límites.

• **Práctica**:

• Si alguien insiste en traspasar tu límite, responde con calma pero con firmeza: *"Como mencioné antes, esto es importante para mí. Agradezco que lo respetes."*

### 2 EVITA LAS JUSTIFICACIONES EXCESIVAS

• No necesitas justificar ni defender tus límites en exceso. Decir *"Esto no funciona para mí"* es suficiente.

• **Práctica**:

• Si alguien te presiona, di: *"Entiendo tu punto de vista, pero esto es lo que necesito para mi bienestar."*

### 3 PREPARA UNA RESPUESTA NEUTRAL

• Anticipa posibles reacciones negativas y prepárate con una respuesta que refuerce tu límite sin entrar en conflicto.

• **Práctica**:

• *"Sé que esto puede ser difícil de entender, pero espero que respetes mi decisión."*

### 4 ESTABLECE CONSECUENCIAS CLARAS

• Si alguien sigue desafiando tus límites, comunica lo que sucederá si no los respeta.

• **Práctica**:

• *"Si esto sigue ocurriendo, necesitaré distanciarme por un tiempo."*

## ESTRATEGIAS PARA SUPERAR LA RESISTENCIA INTERNA

### 1 RECUERDA POR QUÉ ESTABLECISTE EL LÍMITE

• Reafirma tus razones iniciales para establecer el límite. Reflexiona sobre cómo protege tu bienestar.

- **Práctica**:

- Lleva un diario donde escribas por qué este límite es importante y cómo te ayudará a largo plazo.

## 2 NORMALIZA LA CULPA

- Es natural sentir culpa al priorizarte, especialmente si no estás acostumbrado/a a hacerlo. Pero esa culpa no significa que estés haciendo algo malo.

- **Práctica**:

- Repite afirmaciones como: *"Priorizar mi bienestar no es egoísta; es necesario."*

## 3 BUSCA APOYO

- Hablar con amigos, familiares o un terapeuta puede ayudarte a reforzar tus límites y manejar las emociones que surjan.

- **Práctica**:

- Comparte tus experiencias con alguien que te apoye y pueda ofrecerte perspectiva.

## 4 ACEPTA EL INCOMODIDAD TEMPORAL

- Mantener límites puede generar incomodidad inicial, pero esta es una señal de que estás creciendo y transformando tus relaciones.

- **Práctica**:

- Di mentalmente: *"La incomodidad es temporal; el bienestar que obtendré es duradero."*

## QUÉ HACER SI ROMPES TUS PROPIOS LÍMITES

Es normal cometer errores al principio. La clave es no castigarte, sino aprender de la experiencia.

- **Reflexiona sobre lo ocurrido**: ¿Qué te llevó a ceder? ¿Cómo podrías manejarlo de manera diferente la próxima vez?

- **Reafirma tu compromiso**: Repite tu límite y practica cómo responder ante situaciones similares.

- **Sé amable contigo mismo/a**: Recuerda que aprender a mantener límites es un proceso y lleva tiempo.

## BENEFICIOS DE MANTENER TUS LÍMITES

### 1 FORTALEZA EMOCIONAL

- Cada vez que mantienes un límite, refuerzas tu confianza en ti mismo/a y reduces el estrés emocional.

### 2 RELACIONES MÁS AUTÉNTICAS

- Las personas que valoran tu bienestar respetarán tus límites, y tus relaciones se basarán en respeto mutuo.

### 3 AUTONOMÍA PERSONAL

- Mantener tus límites te da control sobre tu vida y te permite tomar decisiones alineadas con tus necesidades.

### RECUERDA TU PODER PERSONAL

Mantener tus límites puede ser un desafío, pero también es una declaración de amor propio. Es un recordatorio de que mereces relaciones y dinámicas que te respeten y nutran. A medida que practiques, encontrarás que cada límite que refuerzas te lleva un paso más cerca de una vida equilibrada y auténtica.

*"Mantener tus límites no es solo un acto de protección; es una afirmación de tu valor y tu derecho a vivir en paz."*

# 10. Redescubriendo Tu Poder Interior

## IDENTIFICAR TUS VALORES Y PRIORIDADES PERSONALES

*"Cuando descubres lo que realmente importa, todo lo demás encuentra su lugar."* – Unknown

Después de salir de una relación tóxica, es común sentirse perdido/a o desconectado/a de uno mismo/a. Las dinámicas de la relación pueden haber desviado tu atención de tus propias necesidades y valores, dejándote con la sensación de que has perdido el rumbo. Identificar tus valores y prioridades personales es un paso esencial para redescubrir tu poder interior y construir una vida más auténtica y significativa.

### ¿QUÉ SON LOS VALORES Y POR QUÉ SON IMPORTANTES?

Los valores son principios fundamentales que guían tus decisiones, acciones y manera de vivir. Representan lo que es más importante para ti y sirven como brújula en los momentos de incertidumbre. En el contexto del crecimiento personal, tus valores te ayudan a:

**1 Reconectar con tu esencia**: Redescubrir quién eres más allá de las influencias externas.

**2 Tomar decisiones alineadas**: Elegir acciones y relaciones que reflejen lo que realmente valoras.

**3 Establecer prioridades claras**: Focalizar tu tiempo y energía en lo que realmente importa.

## CÓMO IDENTIFICAR TUS VALORES PERSONALES

### 1 REFLEXIONA SOBRE LO QUE TE DA SENTIDO

• Piensa en los momentos de tu vida en los que te has sentido más pleno/a y auténtico/a.

• **Práctica**:

• Pregúntate:

• ¿Qué estaba haciendo en ese momento?

• ¿Qué era importante para mí en esa situación?

• ¿Qué valores estaban presentes? (Por ejemplo: libertad, creatividad, amor, honestidad).

### 2 EXAMINA LO QUE TE GENERA INCOMODIDAD

• Las situaciones que te generan frustración o conflicto a menudo apuntan a valores que no están siendo respetados.

• **Práctica**:

• Reflexiona sobre un momento reciente que te haya hecho sentir incómodo/a y pregúntate:

• ¿Qué aspecto de esta situación fue contrario a mis valores?

• ¿Qué valor se estaba ignorando o violando?

### 3 PRIORIZA LO QUE MÁS TE IMPORTA

• Es probable que tengas varios valores importantes, pero priorizar te ayuda a enfocarte en los más esenciales en esta etapa de tu vida.

• **Práctica**:

• Haz una lista de valores que consideres importantes (puedes incluir palabras como: familia, salud, integridad, aventura, crecimiento personal, estabilidad, etc.).

• Elige los tres valores que más resuenan contigo en este momento y anótalos como tus pilares.

## 4 VISUALIZA TU VIDA IDEAL

• Imagina cómo sería tu vida si estuviera completamente alineada con tus valores.

• **Práctica**:

• Cierra los ojos e imagina un día perfecto. Pregúntate:

• ¿Qué estoy haciendo?

• ¿Qué emociones predominan en mi vida?

• ¿Qué valores se están expresando?

## CÓMO DEFINIR TUS PRIORIDADES PERSONALES

## 1 IDENTIFICA TUS NECESIDADES ACTUALES

• Después de una relación tóxica, tus prioridades pueden cambiar. Es importante identificar qué necesitas en este momento para sanar y crecer.

• **Práctica**:

• Haz una lista de áreas clave en tu vida (salud, relaciones, carrera, desarrollo personal, etc.) y escribe qué necesitas en cada una.

## 2 ALINEA TUS ACCIONES CON TUS VALORES

• Una vez que tengas claros tus valores, asegúrate de que tus prioridades reflejen esos principios.

• **Práctica**:

• Si uno de tus valores principales es "crecimiento personal", podrías priorizar actividades como terapia, lectura o aprendizaje de nuevas habilidades.

## 3 ESTABLECE METAS REALISTAS

• Definir metas claras te ayuda a enfocar tu energía y avanzar de manera estructurada hacia lo que realmente quieres.

• **Práctica**:

• Usa la metodología SMART para definir tus metas:

• **Específicas**: ¿Qué quieres lograr?

• **Medibles**: ¿Cómo sabrás que lo has logrado?

- **Alcanzables**: ¿Es realista?
- **Relevantes**: ¿Está alineado con tus valores?
- **Temporales**: ¿Cuál es el plazo para lograrlo?

## HERRAMIENTAS PARA EXPLORAR TUS VALORES Y PRIORIDADES

### 1 DIARIO DE REFLEXIÓN

- Escribe sobre tus experiencias pasadas, tus sueños y tus emociones actuales. Esto puede ayudarte a identificar patrones y descubrir lo que realmente importa.

- **Ejemplo de preguntas**:

- ¿Qué me hace sentir vivo/a?
- ¿Qué quiero evitar repetir en mi vida?
- ¿Qué significa para mí una vida plena?

### 2 RUECA DE LA VIDA

- Dibuja un círculo dividido en secciones como salud, finanzas, relaciones, carrera, crecimiento personal, diversión, etc. Evalúa cada área del 1 al 10 y observa cuáles necesitan más atención.

### 3 TABLERO DE VISUALIZACIÓN

- Crea un collage con imágenes, palabras y frases que representen tus valores y metas. Colócalo en un lugar visible como recordatorio constante.

## LOS BENEFICIOS DE VIVIR SEGÚN TUS VALORES

Cuando identificas y priorizas tus valores, experimentas:

**1 Mayor claridad**: Sabes qué decisiones tomar y hacia dónde dirigir tu energía.

**2 Confianza en ti mismo/a**: Al vivir de manera auténtica, fortaleces tu autoestima.

**3 Relaciones más saludables**: Atraes personas y experiencias alineadas con tus principios.

**4 Paz interior**: Te sientes en armonía con tus elecciones, sin remordimientos ni dudas constantes.

## REDESCUBRIRTE DESDE TUS VALORES

Este proceso no ocurre de la noche a la mañana, pero cada paso que das hacia la identificación de tus valores y prioridades te acerca a una vida más auténtica y significativa. Al redescubrir lo que realmente importa para ti, recuperas tu poder interior y te conviertes en el protagonista de tu historia.

*"Conocer tus valores es como encender una luz en la oscuridad: todo lo demás se vuelve más claro."*

## RECONSTRUYENDO LA CONFIANZA EN TI MISMO DESDE CERO

*"La confianza en ti mismo no surge de nunca fallar, sino de levantarte cada vez que lo haces."* – Unknown

Tras una relación tóxica, la confianza en uno mismo puede quedar profundamente dañada. Las críticas constantes, la manipulación o la dependencia emocional pueden erosionar tu percepción de tu propio valor, haciéndote dudar de tus habilidades y decisiones. Reconstruir esta confianza es un proceso esencial para recuperar tu poder interior y avanzar hacia una vida más plena y auténtica.

### ¿POR QUÉ SE PIERDE LA CONFIANZA EN UNO MISMO?

### 1 CUESTIONAMIENTO CONSTANTE:

- En una relación tóxica, puedes haber aprendido a dudar de tus propios pensamientos y emociones debido a manipulación o gaslighting.

### 2 FOCO EN LAS CRÍTICAS:

- Si fuiste objeto de críticas constantes, es probable que estas hayan quedado grabadas en tu mente, afectando cómo te percibes.

### 3 PÉRDIDA DE IDENTIDAD:

- Al priorizar las necesidades de la otra persona, es posible que te hayas desconectado de tus propios valores y fortalezas.

### PASOS PARA RECONSTRUIR LA CONFIANZA EN TI MISMO

## 1 RECONOCE TU VALOR INHERENTE

• Tu valor no depende de tus logros, tus relaciones o la validación externa. Es intrínseco y siempre ha estado contigo.

• **Práctica**:

• Cada mañana, mírate al espejo y repite afirmaciones como: *"Soy digno/a tal como soy."* o *"Merezco respeto y amor, empezando por el mío propio."*

## 2 ENFÓCATE EN TUS LOGROS

• Reconocer lo que has logrado, por pequeño que sea, te ayuda a recordar tus capacidades y fortalezas.

• **Práctica**:

• Lleva un diario donde escribas tres logros diarios. Pueden ser cosas simples como completar una tarea pendiente o manejar bien una situación difícil.

## 3 RECUPERA TU VOZ INTERNA

• Aprende a identificar y desafiar las creencias negativas que adoptaste durante la relación tóxica.

• **Práctica**:

• Cuando surja un pensamiento crítico, pregúntate: *"¿Esto es realmente cierto?"* Luego, reemplázalo por una afirmación más realista y positiva.

## 4 ESTABLECE METAS PEQUEÑAS Y ALCANZABLES

• Cumplir objetivos, por pequeños que sean, refuerza tu confianza en tus habilidades.

• **Práctica**:

• Elige una meta sencilla, como salir a caminar todos los días durante 10 minutos, y comprométete a cumplirla. Celebra cada logro como un paso hacia adelante.

## 5 RODÉATE DE PERSONAS QUE TE APOYEN

• Reconstruir la confianza en uno mismo es más fácil cuando tienes a personas que te recuerdan tu valor.

• **Práctica**:

- Identifica a amigos, familiares o mentores que sean positivos y solidarios, y dedica tiempo a esas relaciones.

## HERRAMIENTAS PARA REFORZAR TU CONFIANZA

### 1 VISUALIZACIÓN POSITIVA

- Imagina cómo te gustaría verte en el futuro: confiado/a, fuerte y pleno/a.

- **Práctica**:

- Cierra los ojos e imagina cómo sería tu vida si actuaras desde tu mejor versión. ¿Qué decisiones tomarías? ¿Cómo te sentirías? Este ejercicio refuerza tu compromiso con el cambio.

### 2 ACTÚA COMO SI YA FUERAS CONFIADO/A

- A veces, actuar con confianza antes de sentirla puede ayudarte a desarrollar ese estado mental.

- **Práctica**:

- Endereza tu postura, mantén contacto visual y habla con seguridad, incluso si no te sientes completamente cómodo/a. Tu cuerpo influye en tu mente.

### 3 TERAPIA O COACHING

- Un profesional puede ayudarte a identificar patrones de pensamiento negativos y proporcionarte herramientas para reemplazarlos por otros más constructivos.

## OBSTÁCULOS COMUNES Y CÓMO SUPERARLOS

### 1 MIEDO AL FRACASO

- **Cómo manejarlo**: Ve el fracaso como una oportunidad para aprender. Cada paso, incluso los errores, te acerca más a la confianza.

- **Práctica**:

- Reflexiona después de un error y escribe tres cosas que aprendiste de la experiencia.

### 2 COMPARACIONES CON LOS DEMÁS

- **Cómo manejarlo**: Recuerda que tu camino es único y no necesitas medir tu progreso en comparación con otros.

* **Práctica**:

• Cuando te sorprendas comparándote, enfócate en tu propio progreso y en lo lejos que has llegado.

### 3 IMPACIENCIA POR RESULTADOS

• **Cómo manejarlo**: Reconstruir la confianza lleva tiempo. Sé amable contigo mismo/a durante el proceso.

• **Práctica**:

• Lleva un registro de tus avances, por pequeños que sean, y revisa ese progreso cuando sientas dudas.

### EL PODER DE RECONSTRUIR TU CONFIANZA

Reconstruir la confianza en ti mismo/a no solo te ayuda a sanar, sino que también te permite redescubrir quién eres en tu esencia. A medida que avanzas en este camino, comenzarás a notar que las decisiones difíciles se vuelven más claras, las relaciones más auténticas y la vida más alineada con tus valores.

*"La confianza en ti mismo no es algo que encuentras fuera, sino algo que cultivas dentro, un paso a la vez."*

## LA IMPORTANCIA DEL AUTOCUIDADO COMO BASE DE TU NUEVA ETAPA

*"Cuidarte no es un acto de indulgencia, sino de respeto hacia ti mismo."* – Unknown

El autocuidado es mucho más que un conjunto de hábitos saludables: es una declaración de amor propio. Después de haber dejado una relación tóxica, el autocuidado se convierte en la base desde la cual reconstruyes tu vida. Es una práctica intencional que te ayuda a sanar, recuperar tu energía y preparar el terreno para una etapa llena de autenticidad y equilibrio.

### ¿POR QUÉ EL AUTOCUIDADO ES FUNDAMENTAL EN ESTA NUEVA ETAPA?

### 1 RESTAURA TU ENERGÍA EMOCIONAL

• Las relaciones tóxicas suelen agotar tus recursos emocionales. El autocuidado es el medio para recargarte y recuperar tu estabilidad.

## 2 REAFIRMA TU VALOR

• Priorizar tus necesidades y bienestar envía un mensaje claro a tu mente y a tu entorno: *"Soy digno/a de cuidado y atención."*

## 3 FORTALECE TU RESILIENCIA

• El autocuidado te da herramientas para enfrentar los desafíos emocionales y físicos que puedan surgir en tu camino.

## 4 CREA UN ENTORNO DE PAZ

• Al cuidar de ti mismo/a, reduces el estrés y construyes un espacio donde puedes crecer y florecer.

## PRÁCTICAS CLAVE DE AUTOCUIDADO EN TU NUEVA ETAPA

## 1 CUIDA DE TU CUERPO

• Tu cuerpo es tu hogar, y atenderlo es una de las formas más tangibles de autocuidado.

• **Práctica**:

• Alimentación: Prioriza alimentos frescos y nutritivos que te den energía.

• Ejercicio: Encuentra actividades físicas que disfrutes, como yoga, natación o caminatas.

• Descanso: Establece una rutina de sueño regular para garantizar un descanso reparador.

## 2 FORTALECE TU MENTE

• Tu bienestar mental es tan importante como el físico. Dedica tiempo a cultivar una mente tranquila y enfocada.

• **Práctica**:

• Meditación: Dedica unos minutos al día a estar en silencio, concentrándote en tu respiración.

• Lectura: Elige libros que te inspiren y te ayuden a crecer.

• Desafíos intelectuales: Aprende algo nuevo que despierte tu curiosidad.

## 3 CONSTRUYE RUTINAS DE BIENESTAR

• Las rutinas consistentes crean un sentido de estabilidad y control.

- **Práctica**:

• Establece un horario matutino que incluya tiempo para reflexionar, moverte y planificar tu día.

• Crea rituales nocturnos para relajarte, como tomar un té o leer.

## 4 CONÉCTATE CON TUS EMOCIONES

• Permítete sentir y procesar tus emociones sin juicio. Esto te ayuda a sanar y avanzar.

- **Práctica**:

• Lleva un diario emocional donde puedas expresar tus pensamientos y reflexionar sobre ellos.

• Usa técnicas como la escritura de cartas (que no necesariamente envíes) para liberar sentimientos reprimidos.

## 5 DÉJATE LLEVAR POR EL PLACER Y LA ALEGRÍA

• El autocuidado también incluye disfrutar de la vida. Encuentra pequeñas cosas que te traigan felicidad.

- **Práctica**:

• Dedica tiempo a tus pasatiempos favoritos o descubre nuevos intereses.

• Haz una lista de actividades que te hagan sonreír y reserva tiempo para ellas cada semana.

## EL ROL DEL ENTORNO EN TU AUTOCUIDADO

## 1 CREA UN ESPACIO PERSONAL

• Tu entorno físico influye en tu bienestar. Crea un espacio que refleje paz y confort.

- **Práctica**:

• Ordena y decora tu hogar para que se sienta acogedor. Usa aromas, colores y elementos que te relajen.

## 2 RODÉATE DE PERSONAS QUE TE NUTRAN

• Las relaciones saludables son una forma de autocuidado. Busca personas que respeten tus límites y valoren tu bienestar.

- **Práctica**:
- Dedica tiempo a conexiones auténticas y elimina interacciones que drenan tu energía.

## OBSTÁCULOS COMUNES AL AUTOCUIDADO Y CÓMO SUPERARLOS

### 1 CULPA POR PRIORIZARTE

- **Cómo manejarlo**: Recuerda que cuidarte no significa descuidar a los demás; significa que puedes dar lo mejor de ti cuando estás bien.
- **Práctica**: Repite afirmaciones como: *"Cuidarme es necesario y merecido."*

### 2 FALTA DE TIEMPO

- **Cómo manejarlo**: El autocuidado no tiene que ser extenso. Incluso 5-10 minutos al día pueden marcar la diferencia.
- **Práctica**: Identifica actividades pequeñas pero significativas, como una breve caminata o escuchar tu canción favorita.

### 3 DESCONEXIÓN CON TUS NECESIDADES

- **Cómo manejarlo**: Escucha a tu cuerpo y tus emociones para identificar qué necesitas en cada momento.
- **Práctica**: Pregúntate: *"¿Qué necesito ahora mismo para sentirme mejor?"* y actúa en consecuencia.

## LOS BENEFICIOS A LARGO PLAZO DEL AUTOCUIDADO

Cuando conviertes el autocuidado en un hábito, experimentas:

### 1 MAYOR AUTOESTIMA:

- Reconoces tu valor y te sientes más seguro/a de ti mismo/a.

### 2 BIENESTAR SOSTENIBLE:

- Creas una base sólida para enfrentar desafíos futuros sin sentirte abrumado/a.

### 3 UNA VIDA MÁS PLENA:

- El autocuidado te permite vivir con más alegría, propósito y autenticidad.

## CONSTRUYE TU VIDA DESDE EL AUTOCUIDADO

**La Fuerza de Dejar Ir**

El autocuidado no es algo que hagas de vez en cuando, sino un compromiso diario contigo mismo/a. Es la base que te permitirá sanar, crecer y redescubrir tu poder interior. Al priorizar tu bienestar, estás construyendo una vida que refleja quién eres realmente y lo que mereces.

*"Cuidarte no es un acto final; es el comienzo de una vida más auténtica y libre."*

# Epílogo

Al llegar al final de este camino juntos, quiero que tomes un momento para reflexionar sobre lo lejos que has llegado. Quizás no todo sea claridad aún, y tal vez queden días difíciles por delante, pero quiero que sepas algo: cada paso que has dado, incluso aquellos que sintieron como retrocesos, te han llevado más cerca de la persona que estás destinado/a a ser.

Dejar ir no es un acto que ocurre de un día para otro. Es un proceso que respira, que avanza y se detiene, que a veces duele y otras alivia. Es un camino lleno de matices, pero también lleno de oportunidades para redescubrirte. Y lo que encuentras al otro lado de este proceso no es una versión de ti que necesita ser reparada, sino una versión de ti que siempre ha estado allí, esperando ser liberada.

Cada vez que eliges priorizarte, cada vez que dices "no" a lo que te limita, y "sí" a lo que te nutre, estás reafirmando un acto de amor propio. Este amor no tiene que ser perfecto ni constante; basta con que sea genuino. Y ese amor, esa reconexión contigo mismo/a, es el terreno fértil donde crecen las nuevas posibilidades, las relaciones más sanas y los sueños que quizás habías olvidado.

Quiero que te lleves algo contigo al cerrar este libro: la certeza de que no importa cuán enredado parezca todo ahora, tienes la capacidad de deshacer los nudos, uno a uno. Y cuando lo hagas, no solo estarás soltando aquello que te retenía, sino también abriendo espacio para todo lo que merece estar en tu vida.

## La Fuerza de Dejar Ir

No necesitas saber todas las respuestas hoy. Lo único que necesitas es recordar que dentro de ti hay una fuerza que no puede ser quebrada, una fuerza que te ha traído hasta aquí y que te seguirá guiando. Abraza tu proceso con paciencia y compasión. El camino puede ser incierto, pero tu capacidad para avanzar es infinita. Y eso, querido/a lector/a, es suficiente. Siempre lo ha sido.

Milton Keynes UK
Ingram Content Group UK Ltd.
UKHW021104031224
452078UK00010B/752